소금 맛

제3시집을 내면서

편안한 복장을 하고 밖을 나선다.

개성대로 건축한 아름다운 집들과 정원을 끼고 있는 주택가를 벗어나 신작로를 건넛산 중턱에 있는 천문대를 향해 구불구불 휘어진 산책길을 따라 오른다. 높이라야 계면쩍을 정도로 낮다. 그야말로 뒷동산이다. 얕은 오르막을 타고는 이내 천문대에 도착한다. 주변에 방문객들이 많다. 잠시 주춤하다가 할리우드(Hollywood) 사인이 잘 보이는 곳에 좀 더 올라가기로 했다.

돌로 만든 전망대에 앉아 사방을 쳐다보며 풍욕을 즐기다 태평양 바다를 향해 쳐다본다. 탁 트인 바다, 굳이 말하지 않아도 보는 것만으로도 눈의 피로가 사라지고 마음이 푸근해진다. 이 순간만큼은 초탈해지고 유유자적해진다. 넓은 바다는 세상줄에 걸려 넘어질까 봐 마음 졸이지 않아서 좋고 인생살이의 복잡한 삶의 무게를 잠시 잊을 수 있어 좋기는 한데, 며칠 전 꾼 꿈이 영 불편하다. 내용은 이렇다.

어느 길가에서 나를 따라오는 알 수 없는 남성들과 한참 걸어서 낯선 집에 들어가 아버지와 어머니가 앉아 계시는 마룻바닥에서 큰절을 올리고는 잠이 깨었다. 두 분께서 돌아가신 게 언제인데, 작년 12월 초 멀쩡했던 남동생이 심하게 아프다는 소식에 가위가 눌린 것 같다.

엊그제 60이더니 벌써 70줄에 들어섰다. 십여 년 사이 윗대의 어른들이 하나둘 다 세상을 등지기 시작하더니, 이제 우리 차례가 도래한 것이다. 나이 들어 삶의 뒤안길을 쳐다보니 철들자 여생(餘生)의 종착역은 점차 가까워지고 있다는 것을 느낀다. 인생(人生)은 짧다. 하루하루가 소중한 날들인데 꼬깃꼬깃한 인생길을 준비할 시간은 안 주고 엄청 빠르게 지나간다.

장자(莊子)는 인생은 소풍(逍風)이라 했다. 소풍처럼 올 때 쉬고, 중간에 쉬고, 갈 때 쉬고, 중간에 틈나는 대로 쉬라 했다. 안

심입명(安心立命)을 강조한다. 인생은 '일'을 권하는 것이 아니고 성공하려고 세상에 온 것도 아니란다. 그런 것은 다 부차적(副次的)이고 수단적(手段的)이라 했다. 말이야 쉽지. 내일을 준비하지 않고 어떻게 인생을 소풍처럼 살아갈 수 있나. 고단한 삶의 현장에서 머리카락 사이로 소금꽃 피우며 고달픔에 찌든 고통을 견디지 않고 어떻게 생생한 승리를 위한 인생의 본질을 알 수 있을까?

하늘을 쳐다본다.

여름의 문턱을 넘어선 이곳 6월의 화창한 날씨와 달리 우울한 잿빛 하늘을 지칭하는 준 글룸(June gloom) 현상이 자주 일어난다. 아침에는 괜찮더니만 오후가 되자 이슬비가 슬금슬금 떨어지기 시작한다. 반원을 그리며 내가 빗속에 첨벙 담그기를 기다리는 것 같다.

어느새 두려움도 조급함도 사라지고 담담해진다. 이제 내가 들어갈 차례이다. 긴 줄 안으로 성큼 들어선다. 이슬비와 하나가 되어 집으로 돌아간다.

2023년 6월 중순

작업실에서 강정실

차례

제3부 불꽃놀이

제4부 벼룩시장

제5부 샘터

제6부 그대에게 가는 길

제7부 건망증

제 1 부

개꿈

느림의 미학

강물은
오늘따라
이별의 순간을 산 굽고 돌고 돌아
허겁지겁 황톳빛으로 달리고
덩달아
빠른 연주에 몸을 싣고 있다

큰일인데
소중한 것을 너무 멀리 두고
온밤 내내 달리려나

내 안에 쌓여 있던
때 묻은 염색공장 유리창을
빨리빨리
빠르게 처리하려다
인생이 꼬인 사연이 굴비 두름처럼 쌓여 있는데도
느림에 담겨 있는 권태가 비겁하다며
쉬이 등을 돌렸는데

–그거 있지요

–창민요에는 인생을 묻어 후렴구를 반복하는 느린 통성*의 소리,
–급할 것 없이 유유히 흐르는 안정된 시각적 운율을요

느림의 미학에는
생성과 소멸의 여유
텅 비어 있는 여백의 미
구석진 삶을 승화시킬 성냥개비를

느리게
느리게
아주 느리게

* 민요 창법에서, 배 속에서 바로 위로 뽑아내는 여러 형태의 목소리

2023.3.16. 캘리포니아강

밤거리

애틀랜타에 있는 아들 가족과 함께 LA 근교 각 곳 대학을 방문하며, 열일곱 살 손자는 학교에 대해 영어로 조잘조잘 이야기가 잦습니다 식당에 마주 앉아서도 눈은 창밖으로 가곤 합니다

학생들의 물결
길거리에 펼쳐지는 화려한 쇼
물꽃은 하늘 높이 솟아올라 춤추고
환한 젊은 남녀의 표정들이 대학로를 덮습니다

사춘기에 접어든 내 열일곱 살의 아침은 해가 뜨지 않았습니다 이상하리만큼 현실이 마땅치 않아 불쑥불쑥 바닷바람을 맞고 산길을 걸으며 멀리 보이는 외딴섬에 텐트 치고 살았으면… 학교만 갔다가 왔다가 막막했던 길, 잡을 수 없었던 외딴 이상(理想)은 나뭇가지 시퍼렇게 날 선 초승달이 전부였습니다 몇 년 전 사춘기 때 가고 싶었던 외딴섬을 가까이에서 보았습니다 거가대교[*]를 건너게 된 것입니다 아야 반갑다 이송도 바닷가에만 오면 니만 볼끼라꼬 커다란 바위에 앉아 있었다 아이가, 그래도 내 참 착했제 아무런 사고 없이 무탈하게 늙어가고 있으니까

머리마다 히잡을 쓴 관광객들이 식당에 무더기로 들어옵니다
더운 바람 사이, 커다란 어항 안 에인젤피시 다섯 마리가 초록빛
일렁이는 야외무대 조명이 은은한 달빛거리로 가려 합니다

*부산-거제시 장목까지의 대교

자전거 전용로에서
– 산타모니카해변

저물녘 해가 서해로 떨어지고 모래밭 사이로 길게 뻗은 자전거 전용로는 모래바람에 묻혀 자전거 타기가 어려워진다

문 닫는다는 독촉 전화가 온다

산타모니카해변 자전거대여소에서 나 때문에 문을 못 닫는다고 한다 앞은 잘 안 보이고 타이어가 모래밭에 푹푹 빠지는 이 상황을 어떡하느냐며 시답잖게 툴툴대다가, 자책하다가, 베니스 해변 주택을 끼고 있는 가로등 아래 해변도로로 등짝에 땀이 배도록 달려가 심드렁해진 기분으로 자전거를 넘겨 준다

공중에 매달린 홍시 빛 태양을 보며 깊어지는 보릿대궁 파도 소리를 들으려 했는데… 불편해진 마음을 달래려 밤바다를 향해 너부죽 절을 올리고 돌아선다

이른 아침에

골짜기 아래로
긴 줄이 엉켜 내려오는 물줄기에
풍덩 낚싯대를 드리운다

물살이 세다

밤늦도록 도깨비와 씨름하다가 바스러진 낚싯대는 몽당빗자루가 되어
아침에사 흔들어댄다

미끈한 점박이 대가리 올 풀어헤친다
물가에 올려진 무지개송어가 파닥거린다
두 눈에는 불모의 눈물이 햇살에 반사되고
골짜기의 정령을 닮아있다

커다란 물의 눈동자들로 가득한 주변을 두리번거린다

상록수 이파리에 갇힌 햇살 사이로 사슴 한 마리 세수한다

나 홀로

허공 구석구석을 적시는 물의 소리를 들으며
내 안에 접혀 있는 줄사다리가 스스로 펼쳐놓는다
산다는 게
뭘까

알약

아침마다 밥 먹고
손바닥에 담긴
처방받은 곰보 자국 크기의 알약 외에
알레르기약
오메가3
소화효소제까지
열댓 개를 하나씩 챙겨
맹물에 밥 말아 먹듯
반찬 없이 꿀꺽, 십수 년
아직 아픔의 잔가지 서너 곳은
잘라내지는 못했지만
진득하게 덮여 있는
곪아 터진 곳이
더는 번지지 못하게
오늘도
제 아픔을 핥으며
용서를 구하는 마음으로
알약을 챙긴다

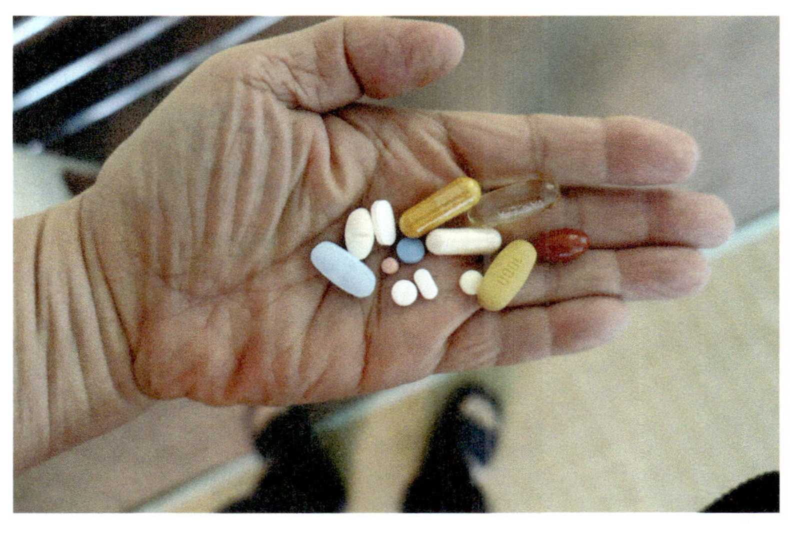

빈 주머니

겨울 같지도 않게
바깥으로만 나돌던 날씨가
싸락비 서너 차례 뿌려대더니
썰러덩하던 베란다 위에
조그마한 노란 잎들이
청승스레 날아와 제집인 양 머물고
비바람은 애꿎은 국화잎을 파르르 떨어댄다

스스로 바람이 되어
불지 않아도 돌아가는
바람개비로 살아가는 내 삶

옷장에 걸려 있는, 그대여
오늘같이 바람불고 비 오는 날
오래전 내 젊었을 때
에센*에서 입었던 여러 옷 중
유일하게 남아 있는 고동색 바바리코트의
주머니를 뒤지며 추억을 찾는다

잉걸불 같은 추억은 온데간데없고, 그대여

내 청춘이 담긴 학창시절
혼란스러웠던 춥고 매웠던 한 시절
유럽에서의 모든 사진과 슬라이드 필름과
사용했던 당시 여권마저 쓰레기통에 던져졌고,
주머니에는
손때 묻은 흔적이라도 대신 꽉 꿰매어져 있어야 하는데
어슴푸레하게 떠오르는 옛 기억뿐
갈맷빛 그림 한 점 끄집어낼 수가 없어
손가락만 애처롭다

잃어버린 사진 원본을 찾지 못한, 그대여
기억조차 잊혀가는 것에 대한
애절함과 분노는
이 마뜩잖은 마음 앞에
짧지 않았던 세월과 정들었던 인연들도
빈 주머니에서 찾으려 애쓰니
긴 한숨만 흘러나온다

언제부터인가, 그대여
생각이 깊어지면

머리의 뇌는 반으로 줄어들어
출렁이기 시작하여
턱을 괴고 앉아 있기도 거북해
일순간 내 몸을 침대에 포박시킨다
그러면 어느새 얕은 잠이 들고
계단같이 만들어진 극과 극의
꿈길 따라 걷다 보면
연약해지고 옹졸해진
늙은이의 마음은 몽유병 환자가 되어
서럽기만 하여 두 발목을 묶어
나를 가두고만 있다

* 독일 북서부 노드라인 베스트팔렌주(Nordrhein-Westfalen)에 있는 도시

밤하늘

어스름 녘 산 위로 가없는 들꽃이 온통 피어 있다

이른 봄 차가운 손바닥 비빌 때마다 은하수별들은 수채화를 그려 댄다

밤의 소리

자동차 지나다니는 아스팔트 옆 인도 노상 테이블
자동차 소음과 함께
낮엔 음식 밤엔 술
뭐라 떠들어대며 봄밤을 빨아들이는 사람들

문이 활짝 열린 식당 천장에는
몇 대의 대형 스포츠 TV 화면 아래서
포도주잔들이 부딪친다
맥주잔들이 부딪친다
젊음의 소음들도 부딪친다

밤이 이슥하도록
그들만의 수다스런 이야기가 이어지고
인도를 걷는 사람들은
무심하게 식당 앞을 지나간다

어디서 나타난 것일까
늙고 검은 고양이 한 마리
인도에 놓여 있는 테이블과 식당 사이를 지나간다

깊어가는 밤
식당 안팎이 등불 속인 양 밝기만 한데
차 소리 사람 소리
이게 바로
우리들이 살아가는 밤의 소리
중생들이 살아가는 사바세계

미혹

오랜 세월
고된 줄 모르고
날마다 조바심내며
기다리는데도
당신은
돌아올 생각을 안 하고 있다

쾌락에 빠져 있었던 젊은 시절
내게 아무것도 준 것 없으면서
모든 것을 다 주었노라고
평생을 함께할 것이라며
여기에 서 있으라 했잖아,
나를 속였었지, 당신은

사랑은 기다림의 인내라고 내게 한 말을
아무런 의심 없이 귀담았던
솔깃한 미혹(迷惑)에
기만당한 나의 삶이지만
그래도 나의 두 눈과 귀는
복잡한 도심 속 낯선 인파 속에서도

뉴욕 센트럴공원 입구 가로수(2022.8.1.)

기다림과 그리움은 향과 같아서
이렇게 속고 있는 줄 알지만

오늘도
당신의 환한 웃음을
역술가의 부적처럼
가슴에 품고
기다리고 있다

되새김질

애환의 세월 자국들을
오롯이 품어 안고, 잊고 살아가는데
느닷없이 남을 통해
툭 터져 나온 나의 이야길 들었을 때
누구의 접근도 원하지 않았고
결벽증이랄까 꼭꼭 숨겼던 비밀이랄까

그건 억측이고 오해인데
그게 아니었는데 하며
구불구불 접혔던 불편했던 기억
그때 그 상황을 되새김질하며 홀로 펴보고 있다

나를 엎지른
접고 잊었던 일들을

WSB
The Atlanta Journal
40

개꿈

동생에게서 전화가 왔다, 화장터에서
나의 시신을 태우고 있단다
한 시간여 있으면 유골을 끄집어내어
식은 뼛가루를 유골단지에 넣는다고 한다

내 참, 뜬금없는 소리를 다 듣는다

머리카락 타는 소리
수의 타는 소리
얼굴이 찌그러지고
내장과 살갗이 터지고
불길에 이글대는 소리
뼈 타는 소리
내 몸은 없어지고
분쇄기에 빻아 회색 가루가 되었네

주여
용납하옵소서

넘실대는 검푸른 바다

초록 바람이 펄럭인다
흩뿌려진 내 영혼이 깃든 유골 가루를
헤엄치는 바닷고기는
먹지 않고 톡톡 내어 뱉어버린다

"형님, 괜찮습니까?"
"이놈의 새끼, 너 뭐 하는 짓이야!"
울고불고
고래고래 소리치다
침대에서 떨어졌다

꿈이다

무슨 이런 개꿈을

오스트리아 잘츠부르크(Salzburg) 성채 내(2017.8.2.)

달빛, 로스앤젤레스 강

저녁놀이 강물에 비치고
하늘은 검분홍빛으로 물든다

어느덧
달에서 번진 달빛 아지랑이가
로스앤젤레스 강을 어루더듬는다
달은 하나로되
수천수만의 강에 자기를 일렁여도
그달은 허공이요 허상인 것,
세월의 호불호를 이야기하자며 다가가면
듣지도 않고 붙잡을 수도 없이
밤 강물은 흘러만 간다

달빛을 캔버스에 가두고
탱자나무 사이로
찬찬히 흐르는 물소리에
노란 윤슬빛 색조를 넣으려 하니
썩은 냄새 진동한다며
힐끗, 내 눈 맞추며 얼굴을
물끄러미 바라보곤

"소박한 행복을 누릴 여유는
허무할 정도로 인생은 짧은 것"이라
짧게 말하며
그만두라 손사래 친다

나의
꽃시절 젊음은 후루루 떨어지고
어느새 인생도 황혼길
서둘지 마라
서둘지 마라
마음속으로 수백 번 되뇌지만
그 삶터엔 삶의 질감에는
허위와 가면적인 도발이
아직도 계속되고 있다

비늘처럼 작게 혹은 떼를 지어
길게 부딪히는 달그림자가
이별은 필연적이라
아쉬워하지 말라면서
고샅을 하얗게 돌며 모멸감을 주고 떠난다

제 2 부

귀뚜라미 울음

사발가(沙鉢歌)

경기도 민요 사발가(沙鉢歌)* 는 듣는 순간 아른거리는 고향 마을 어귀가 어린 수줍음의 얼굴로 내밀고 엿장수 찰칵찰칵 찰가락 가위소리와 시냇가 빨래 소리 오드락 똑딱 들려온다

내 어릴 때 이송도 입구 위 로터리에는 항시 천막이 처져 있고 그 안에는 백옥같은 피부가 된다는 동동구루무**, 피부병에 최고라는 두꺼비 기름, 뱀이 들어있는 술을 판매하면서

얼씨구 절씨구가 들어가는 각설이 장타령
고운 금박 무늬가 들어간 한복 입은 중년 여성들이
풍악에 맞추어
여러 민요를 멋들어지게 불러대고
춤꾼은 덩실덩실 춤추던
추억 속에의 고향이 어울려 있다

김영임 명창의 사발가는,
"석탄 백탄*** 타는 데는~, 낙동강 칠백 리 포곡새**** 울고요. 에헤요~어허~야 어여라 난다 듸여라~~ 허~송~세~월을 말아~~라" 다른 민요와는 달리 노랫가락과 빠른 리듬이 아직도 귀에 익다

그 중,
“열두 주름 치마폭 갈피갈피 맺힌 설움이, 초생달이 기울면 줄줄이 쌍쌍이 눈물이라.”
사랑에 대한 쌓인 그리움의 한이 물씬 풍겨 나온다

마치 싱싱한 활어회를 먹는 느낌 목소리에 따라 꺾어지며 새벽 능선이 그려지는 옛날을 더듬게 하는 새벽별이 된다

* 사기로 만든 밥그릇 노래
** 피부 크림
*** 숯
**** 삐꾸기

햇볕

희뿌옇게 바래진 빗속을 벗어난
하늘은
유난스레 맑고 푸르다

물기에 젖었던 나무는
몸통을 햇볕에 솔질하고
이파리는
마른 바람에 문질러 광을 낸다

콩죽 엎어진 듯한 너절한 대지엔
깨알 같은 새싹들이 시시콜콜 터져 나오고
구름은 어딜 갔는지
보이지 않고
햇볕만 쏟아지는데
온통 찜통 같다

늙은 나뭇잎 꼬실꼬실하게 메마를라

털매미 껍질처럼 마른
콧등에도
칼국수 가닥처럼 땀방울이 길게 흘러내린다

첫눈 오는 날

밤낮이 바뀐 여섯째 날
배고파 부스스 일어나
경복궁 부근에 투숙한 호텔
밖으로 나왔다

길거리에는 누군가가 밟고 지나간 자리에
첫눈이 소복소복 쌓여 있고
기와에 쌓여 있는 눈송이는
찬바람 한 아름씩 모아
얼어 쌓여 있는 기왓골로
물방울 날개 돋치고
한 방울 한 방울 고드름을 길게 만들며
겨울이 익어가고 있다

주렁주렁 노란 등이 달린
자하문로 1길 식당가 골목길 입구
추어탕집 출입문을 열고 쪼르르 들어간다
아침 10시에 문을 연단다
다시
골목길 끝에 있는 빵집에 들어가
빵과 커피를 주문하는데
마스크를 쓰고 주문하란다

영등포 경인로 부근
수원역 부근
인사동 거리
국회의사당 소강당 등지를
지하철을 중심으로 이동하며
사람들을 만나러 다닌다

어딜 가더라도
회색빛 도시
거리마다 광고판
구멍 숭숭 뚫린 골목마다
애벌레 점박이 차들이
꽉 차 있다

2022.12.3. 서울에서

벌써 하루해가 지고 있다
차갑게 얼어버린 도시의 밤
속을 파고드는 찬바람
칼등같이 시퍼런 네온 불빛은
두 어깻죽지를 쪼그라들게 하는데
싸라기눈이
바슬바슬 내린다

빗소리 곁에서

머언 산
굽이마다 햇살이 가득해
인적 드문 산등성이를 타며
등허리에 이른 봄볕 쪼이는데
뜬금없이 비구름 덮더니
소란스럽게 비가 내린다

밑동아리 굵은 나무 이파리 밑에 선다

빗방울 튀고 튕기는 놈
다닥다닥 콩 볶는 놈
마냥 울고 서 있는 놈
가지마다 사연 한 토막씩 매달고 있는 놈
무심히 올려다본 하늘엔
물밀듯,

비
비비
비비비
비비비비
비비비비비

많은 사연들이 떨어진다

옛날 하굣길
대신동 전차 종점까지 걷는 사이
소나기가 내려 온전히 젖다 보니
영도다리 건너 집까지
우산 없이 혼자 걸었던
나의 작은 가슴이
불현듯 그리움을 토해내듯
그때도 오늘 같은 비가 내렸다

비 오는 날의 여로

엎어지면 코 닿을 실버레이크호수 부근, 언덕 꼭대기 번데기만한 방에서의 일상이다. 멀리 산에서부터 나무숲에 둘러싸인 주변 도시주택들의 풍광이 한가롭다. 태양이 빛나고 파란 하늘에 떠 있는 뭉게구름 위에 앉아 가뭇없이 먼 곳에 계신 그리운 님을 만나러 가기도 하고 창가에 앉아 밤하늘 별을 헨다. 오늘같이 비 오는 날 밤은 도로로 달리는 자동차에 무임승차해 세상천지 가고 싶은 곳으로 숨차게 달리며, 고향의 빗소리를 듣기도 한다.

6·25전쟁이 막 끝난 황폐하기 짝이 없던 피난민 시절의 부산이다. 피난민들은 부산 동구 민둥산에 하나씩 층층 계단을 만들며 그 옆자리에 임시 수용소 같은 판잣집을 지으며 산꼭대기까지 계속 만들어갔고, 영도 이송도 바닷가 절벽 위에도 공동묘지를 파헤치며 판잣집 피난민 집성촌이 생겼다. 매일 수돗물을 양동이 가득 머리에 이고 가파른 계단을 올라 자식들 밥해 먹이고, 담뱃값도 아까워 길거리에 꽁초를 주워 알갱이를 끄집어내어 신문을 찢어 돌돌 말아 피워댔고, 가난한 판잣집 지붕 위와 돌담에도 황금호박이 달릴 것을 고대하며 억척같이 살아왔다. 그러다 새마을 사업이 한창일 때 산허리에 넓은 산복도로를 만들고는 크고 작은 차들이 다닌다. 영도 산복도로에서 바라다보이는 바다는 한량없이 넓은 푸른 수평선이 보이고, 동구 산복도로에

서의 밤이면 부산항이 훤히 보이는 도시의 불빛은, 생계가 어려웠던 달동네의 옛 아픈 기억은 흔적 없고 보석을 뿌려놓은 듯 아름답게 빛난다.

유럽에 있는 고성은 산꼭대기나 강변 높은 곳에 있다. 대부분 중세의 영주들과 기사가 살았던 곳, 지금도 부자들은 번잡한 도심에서 떨어진 높은 곳에 저택을 소유하려 한다. 하나님은 하늘나라 높은 천국에 계시고, 세상의 권력자들도 땅 위 높고 안전한 곳에서 생활하려 한다. 생활하려 한다. 참 아이러니하다.

비가 멎고 구름 사이로 토끼 떡방아 찧는 보름날 밤이 달꽃으로 피어나고 있다. 높은 꼭대기에 멋진 곳에서 가부좌를 튼 채 기도하면 부귀영화·만수무강·천국열쇠가 툭, 튀어나오는 기도발이 나올까

비

오늘 아침에는
내 안에 쌓여 있던
초봄 얼치기 찌꺼기를
먼 곳 찾길 위로 게워낸다

이따가 보면
먼지 자욱한 하늘이
맑게 뻥 뚫린 채
바르르, 파르르 떨며
햇살이 내릴 것이다
마음은
신호대기 빨간 등을 무시하고
변속기어를 바꾸곤
융프라우 꼭대기 얼음집에 달려가
하늘과 땅 사이
팽팽한
팽팽히 시린, 얇은 바람을 맞는다

창밖에는
농익은 기침 콜록이며

수다스런 비가 봄을 솎아낸다
토독토독

망림목*

대형화재로 불타 침묵하고
불 꺼진 자리
독야청청 높은 절개는
시커멓게 그을린
허물뿐인 몸뚱어리만 서 있네

지옥 사자(使者)의 부름은, 검은 이슬방울 같은 것

종이컵에 맥주를 따라 망림목(亡林木)에 뿌린다
불타고 있는 질문들
그 주변에 또 한 잔을 뿌린다
뜨거웠지? 엄청 뜨거웠지?
도망도 가지 못하고, 에구

불쑥불쑥
튀어 오르는 찬 겨울바람은
빈자리를 만들어 내고
비워진 자리에 봄이 오면
구름, 비, 바람, 햇볕이
연초록 무늬를 만들고는
복사꽃부터 피울 거야

* 화재로 전소된 숲

눈송이

밤새 소리 없이 몽실몽실 핀 눈송이는 그리움이다

한낮 나 아무 데도 가눌 곳 없어 깊은 밤 늑대 울음을 되새김질한다

귀뚜라미 울음

새벽녘
귀뚜라미 울음
한 마리가 아니고 서너 마리가
가슴을 긁어 대며 울어댄다

부스스 잠결에 일어나
더듬, 더듬거리며
화장실에 갔다 오곤
다시 침대에 몸을 눕히는데도
베갯가에서
일정하게 울어댄다
'언제
내 방에 귀뚜라미가 들어와 있지?
지금 겨울인데… 노인성 난청이 찾아왔나?'

핸드폰 유튜브 채널 중
슈베르트의 교향곡 8번*을 찾아 듣다가
깜빡 잠이 들었고
백색소음이라는, 수면유도
풀벌레 소리로 자동 넘어갔나 보다

빈 방이 울어댄다
하늘의 별들이 울어댄다
내 안에 있는 귀뚜라미도 울어댄다

* 1822년 슈베르트 나이 25세 때 작곡한 곡. 2악장까지만 쓰고 무슨 이유에서인지 3악장 스케르초는 9마디에서 중단되었다. 교향곡은 4악장으로 구성되어 있는데, 2악장뿐이라서 미완성 교향악으로 불린다. 또한 슈베르트가 죽은 후 38년이 지난 해에 초연된 곡이기도 하다.

고드름

눈 내린 깊은 산 속
지극한 추위를 견디며
밤새 돌언덕을 타고 조금씩 내뱉는 고통의 흔적은
달빛을 받아 거꾸로 매달린 채
여러 형태의 수정 원석이 되어
그 흔한 곁가지 하나 내지 않고
한 올 한 올 일렬로 내리꽂기만 한다

자신을 다독이는 단단한 고집들은
훈련병처럼 기합이 단단히 들어
끝은 살아 있는 비수처럼 날카롭다

한낮 햇살이 길게 비치면
끝의 날카로움은 조금씩 무뎌지고
그 위로 맺히는 수정 방울은 초롱초롱 빛나다가
아래로 똑똑 떨어진다
예쁘다
나를 유혹하기에 충분하다

고드름을 따서 큰 잔에 넣고 위스키를 부어 한 잔 마셔본다

톡 쏜다
불같이 화끈 달아오른다
고드름의 열반
고드름의 승천

아니
내 목구멍은 고드름에 찔린 듯 찬바람이 도는데
얼굴과 심장이 대신 승천한다

2023.2.3. Yosemite National Park

거미집

하루 또 하루
기다리는 것이 일일진대
언제 만들었는지
잠깐 떨어진 빗방울이 손수 짠
너의 그물집에 송알송알 걸려 있네

이곳 꼭대기에는
먹을 게 없는데
무엇 하러
힘들게 집을 지었나

밤
고요
바람 소리
고즈넉한 도시의 달빛 찾으려
글쎄,

정신 차리게
산다는 건 쉽지 않은 일
목구멍이 포도청이라

붉은 포도주 한 잔
심장을 따뜻하게 할 몸부터
붉은 태양빛으로 물들이게나

단풍잎

익은 가을산 꼭대기에 서면
가을 햇살 아래
메마른 소슬바람은
공손히 엎드린 가까운 산능선에
붉은 바닷물결이 일렁인다

적막한 저녁이 내려앉고
능성부터 검은 그림자가
길게 흔적을 남기며 긴소리를 낸다

귀로 들으니 단감 익는 소리가 되고
눈으로 바라보니
떨어져 나뒹구는 단풍들은
해마다 찾아오는
유순한 이별을 준비하고 있다

*내장산(2017년 가을)

제 3 부

불꽃놀이

인형극

함께
반백 년 동안 애 낳고 키우며
시집·장가 보내면서
긴 세월에 얽히고설킨
너와 나의 인생 고리에
아주 가끔
마른 회오리바람이 불 때마다
굵은 장미 가시에
서로가 상처를 입혔고
진흙 텃밭에서 티격태격 다투곤
갯벌에 빠진
참새 모양이 된 날들이 있었는데
그래도
밝은 햇볕 아래
응달진 꽃밭에 채송화도 곱게 펴
발그레한 웃음기와
앞으로 함께 걸어야 할
인연의 덤 위에
너와 나의 곳간을
건강 위한 것으로 덧셈하며

여느 책갈피에 꽂힌
인생이란 시 한 구절을
서로가 온전히 이해하는
인형극의 막 내리는 그날까지
딱 그만큼만
양파 까는 연리지 연출가가 되어야지

푸드 뱅크

일정한 날
일정한 시간에
카트를 끌고
음식물을 받아 가기 위해
급식소 탁자 앞으로
구물구물 이어 선다
또 일주일을 넘기자며
퀭한 눈길들
말없이
과일과 빵
채소와 고기 중
필요한 것만 골라
욕심 없이
카트에 넣고는 돌아간다
허기진
봄날에

개 같은 날

실버레이크 시내 중형잡화점에는
손님들 대부분이 백인인데
젊은 부인과 함께 온 계집아이가
판매대에 놓인 꽃을 향해

이건 흰 꽃
저건 노랑 꽃

동양인인 나를 가리키며
깔깔대며 철없이 재잘댄다

화들짝 놀란 부인의 제지에
이내 시무룩해진 계집아이와
다른 매대로 이동한다

소위 인종에 대한 편견 같은
더럽(?)혀져 있는
그런 인식을, 음지에 박아놓은
얼룩들은 쉽게 지워지지 않고

산책로
버스 정류장 벤치에 앉아
주인의 손에 끌려다니는 반려견을 보며
내가 노란색 개가 되는 줄 알면서도,

어머니……

파피꽃(1)

온 산이 꽃 천지다

털썩, 땅바닥에 드러누워
아래서 위로 너의 자태를 쳐다본다

몇 커트 촬영하고 나면 목덜미가 당기고 배꼽이 당긴다
두 팔을 머리에 베고
꽃들을 쳐다보면
무슨 이유인지 활짝 피었다가 까닭 없이 꽃들은 서로 다투다가
이내 꽃잎을 닫아 버린다

누운 채로 하늘을 쳐다본다

파란 꽃대 사이로 보이는 구름은
보드랍고 아늑했던
한소끔 내 청춘의 추억도 실려 있다
그리운 이에게 몇 자 엽서를 전하고 싶어도
너무 멀어 손이 닿지 않는다

잠깐 아주 잠깐
긴 한숨이 절로 나온다
걸어 걸어서 올라가
사진엽서를 전할까

Antrlope Valley CA Poppy Reserve

파피꽃(2)

오늘도,

카랑카랑한 비가 어제처럼
우산 위로 선율 튕기며
수만 개의 귀를 열어놓고
무채색으로 연주하지만 다른 표정은
하나도 없네

해독할 수 없는
불가해한 생의 암호 같을지라도
햇볕 내리면
결정적 순간에
찰~칵 눈을 감아 버린다, 나는

비는
먼 곳의
마른 대지에서 흙 묻은 장화를 씻을 거고
그 비가
또 한 번
노랑노랑 나부낄 파피꽃으로 머릴 염색할 거야

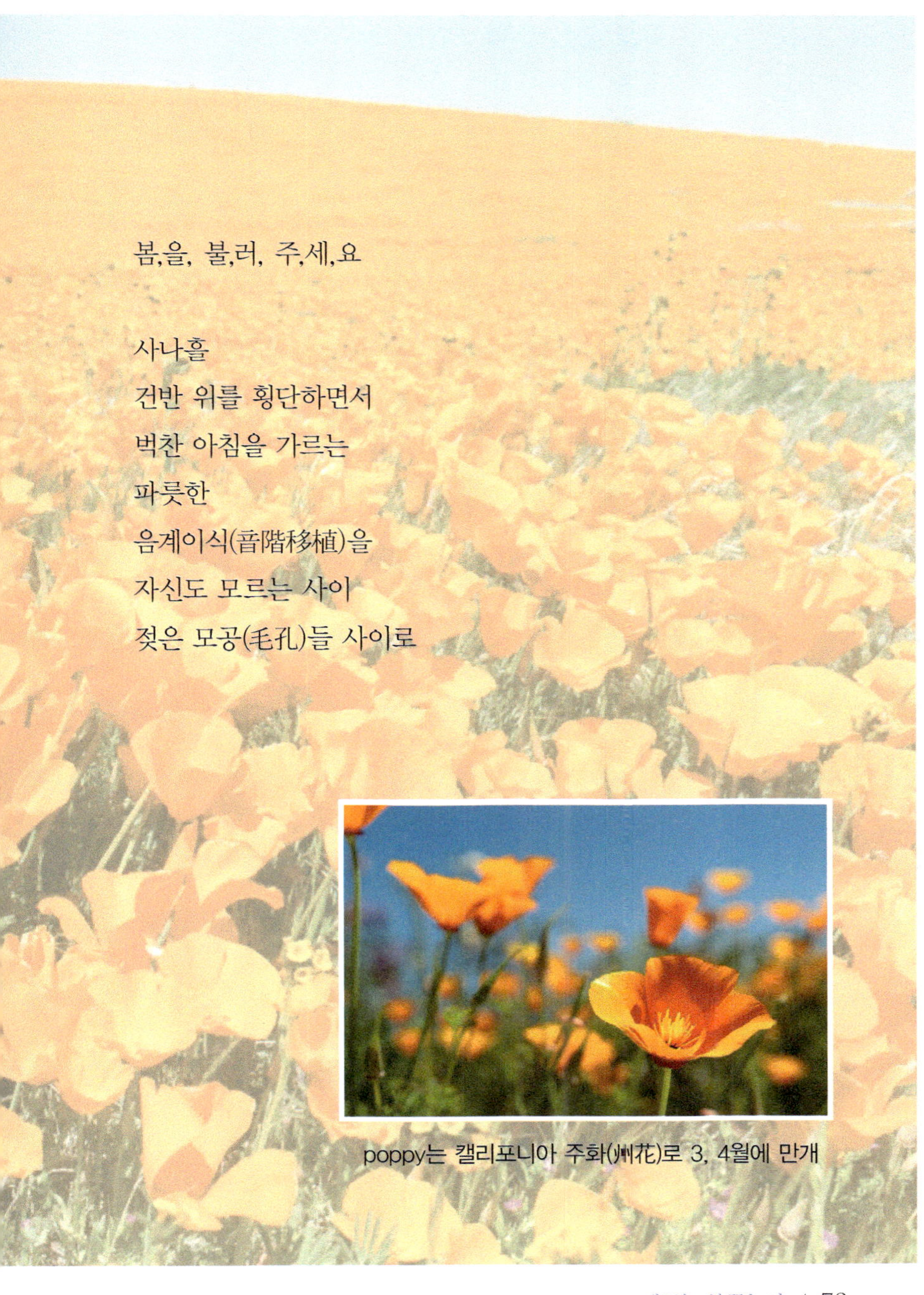

봄,을, 불,러, 주,세,요

사나흘
건반 위를 횡단하면서
벅찬 아침을 가르는
파릇한
음계이식(音階移植)을
자신도 모르는 사이
젖은 모공(毛孔)들 사이로

poppy는 캘리포니아 주화(州花)로 3, 4월에 만개

장미

빌딩계단 아래 연한 녹색의 작은 분수
풀물 배어 나오듯 홀로 핀 흑장미 한 송이
몽글몽글 젖가슴 풀어헤친 화냥기
물기 먹은 얼굴에 정염이 일렁인다

연륜

파릇해진 이파리 사이로 야생화가 생동하는 봄철 내 몸이 저들처럼 다시 싱싱해질 리 만무하고 손대면 부서질 마른 잎인데도, 불로장생하려는 듯 일륜(日輪)을 월륜(月輪)으로 연륜(年輪)까지 먹어가며 오늘처럼 길 따라 발길을 옮기고 있다

시선이 머무르는 개울가에
여자 개구리와 남자 개구리가 서로 엉켜 놀고 있다

또 헛짓한다

페트병을 반으로 쪼개어
올챙이 몇 마리 넣고
꽃잎 하나 톡 띄워놓고
무당벌레까지 잡아넣어
이리저리 옮기며
카메라 앵글을 들이댄다

아득했던 나의 길
오늘은 페트병을 들고 올챙이와 함께 처벅처벅 걷는다

안스리움

언덕 위 세워져 있는 아파트 엘리베이터가 없는 꼭대기 층, 나의 방 베란다 화분 속에서 안스리움*은 일 년 내내 목대를 높여 빨간 꽃을 피운다 화려하지 않고 싫증 나지 않은 이 꽃의 이름 안쓰러움**이라는 짠한 단어가 떠올라 나와 함께 공중 높은 허공에 세들어 산다
아마존 원시인들은 높은 나무 위에 집 짓고 적의 침입과 짐승을 피해 정글 깊숙이 산다 이 집에는 왕거미가 허공에다 진을 치고 살아간다 언제나 나는 꺼억꺼억 걸어 꼭대기 방에 올라가 거미줄에 마음이 뒤엉켜 매달린 채 밥해 먹고 허공에서 잠자고 꿈꾼다
안쓰럽게 느껴지는 안스리움처럼

* 안스리움(Anthurium)은 남아메리카의 열대식물
** 안쓰러움은 안쓰럽다의 활용형

산국화

야들아
작년 가을에 피었다 진 산국화
화분 그대로 내버려 두었는데
며칠간 내린 비 소식에
망울진 노란 꽃물 세 송이 활짝 폈다야

야들아
열댓 송이 더 피울 때
호랑나비 날개치고
꽃잎에 설탕물 발라놓으면 허밍버드
포르릉 날개 치며 색동 겹옷고름 풀고 찾아 온단다야

야들아
왕성한 초록 미소
두둥실 떠 있는 파란 하늘
꽃 가장자리에 불꽃을 터뜨리며
노란 폭죽 옹기종기 타고 있다야

야들아
내 서재에 묻힌 철자들을 끄집어내어

오감에다 옮겨 놓으면
명주바람에 흐트러진 노란 매무새가
붉게 익겠다야

동백꽃

뚝 떨어지는 순연(順緣)이 비릿하다

서둘러 쌓이는 백설에 비치는 얼굴 붉게 절인다

연신 백설 퍼어펄 흩날리는
눈발
바라보는 바깥이 저며진다

파리한 하늘 하얀 겨울을 토하면
동백 나뭇잎은 쿨럭, 수북이 쌓이는 흰 파문 속에
공기의 방향 따라 오리털 잠바를 껴입고
그리움인 듯 오롯이
가슴 뜨거운 곳 안으로 핏빛 사랑 기울다가

한 송이
한 송이
또 한 송이

단아한 추억을 남기며 제 몸 떨어뜨려
이별의 물결은 붉게 물들어간다

국화꽃

개나리가 한창 필 시기인데
크고 작은 화분에 소담스레 담겨 있는
여러 색의 국화가
마켓 판매대에
올망졸망 얼굴을 내밀고 있다

(윤회의 고통과 기다림도 없이)

무서리 내리고
외로움에 지친 귀뚜리가
밤새 울어댈 때
모두가 시인이 되어
그리움을 밴
마른 국화꽃 덩이를
책갈피에서 끄집어내어
바짝
야윈 글을 차근차근 쓰는데…….

무얼 어떻게 할 수 없는 인생은
다 그런 것인데

잠 못 들고
과거 현재 미래를
이 밤 내내 끌고 다니는지
국화
달밤
술
벗
풍류시인 월산대군의 시 한 수를
흥타령*에서 음미해 본다

벌써
새벽이 저만치 걸어오고 있다

* 남도민요

불꽃놀이

포구에 떠 있는 보트 사이로
붉은 해가 넘어가고
저만치 불꽃놀이를 구경나온
구경꾼들은 자리 잡기에 여염이 없다

불꽃은
펑펑 소리를 내고
외줄 타듯 하늘에 올라가
달덩이 같은 알록달록한 처녀꽃수들이
번쩍번쩍 개화한다
땅에서 발을 떼지 않고
곱게 자란 꽃씨는
밤하늘에 싹 틔워
화려한 짧은 공중서커스 쇼를 벌이다가
지독한 그리움을 남기고
날개를 접는다

배낭 메고 길 떠나는 우리네 인생처럼

2023. 7.4. 독립기념일(샌디에이고)

제 4 부

벼룩시장

요세미티로 가는 길

추운 새벽녘 요세미티로 가는 협곡에 접어들자 꼬부랑 산길에는 군데군데 모래소금이 뿌려져 있고 옆길에 치워져 있는 눈은 성벽처럼 높고 견고하다. 달리고 있는 차는 추운 날씨 탓인지 자꾸 엔진이 꺼져 가다 서다를 반복한다. 운전해야 하는 자나 그 옆에 앉아 있는 자, 둘 다 되돌아갈 수도 없는 난감한 곳이라 각자 현실을 예상하며 뜨악한 표정을 감추고는 서로의 불안을 숨기며 격려부터 한다.

속이 계속 울렁거린다. 안 하던 차멀미다. 급하게 차를 세워달라 요구한다. 문을 열자마자 애꿎은 눈 위에 꾹꾹 눌러놓았던 걱정이 구토로 터져 나온다. 점심때 이 자와 함께 먹었던 음식에 들어있던 고깃덩어리가 쏟아져 나오고 또 한 바가지 썩은 구정물을 쏟아낸다. 온몸이 떨리고 심한 한기가 든다.

화강암으로 둘러싸인 나만의 도솔궁 밟기가 이렇게 어려운지, 세상 살면서 지은 죄 다 벗어버리고 오라 하는 듯 힘들기만 하다. 긴 터널을 지나고 드디어 예약한 25번 지정 자리에 텐트를 치고 옆에 앉아 있던 자는 차 안에서, 운전하던 자는 텐트에서 잠을 청한다.

2023.2.1. 하프돔

해 질 무렵 출근

카지노 호텔은 모든 시설이 크고 저렴하다. 이곳에 가면 참 묘한 세상이 펼쳐지고 별의별 사람 다 모여든다. 깨끗하게 꾸며진 카지노에 들어서면 담배 냄새가 코를 찌른다.

주사위·트럼프·슬롯머신 등 특정한 기구를 선택하여 게임하는 자가 커피나 양주 각종 쥬스 등을 주문하면 공짜다. 여러 종류의 모양으로 뱅뱅 돌아가는 슬롯머신을 향해 사생결단이라도 낼 듯한 눈빛으로 숨죽이고 쳐다보는 모습은 가지가지다. 다들 액션 영화배우처럼 각자의 표정을 예사롭지 않게 연출하고 있다. 뭐에 미쳤는지 줄담배를 입에 물고 마누라에겐 문상 간다, 타 주에 출장 간다, 업자를 만난다 하고는 한걸음에 달려가는 곳이 이곳이다. 연금 받는 노인네들은 지정된 식당가에서 관광버스를 이용해 공짜로 차를 탄다. 1인당 30불짜리 전용 화폐인 공짜 칩까지 미끼로 카지노에 데려가서는 밤새 노름하게 한다. 가끔 터지는 한국판 주부 노름판은, 몇천만 원이 오가는 '고'와 '스톱'을 가려가며 밤새 천당과 지옥을 왕래하며 며칠 밤낮이 새도록 이런 무상을 거듭한다. 무릎인들 어떻게 견뎌내며 그 집안은 온전할까.

술 마시며 고스톱과 카지노의 게임에 찌들고, 놓치는 것은 건강이요, 남은 것은 허망인데도 해 질 무렵이 되면 머리에 포마드를 바르고 정장 차림에 구두가 광(光)나도록 닦고는 핑계를 대고 출근한다. 그래야 재수가 좋아진다나.

골목길의 핼러윈

어둠이 내리면서
코로나로 마스크가 해제된 도심의 거리마다
열정이 표출된 젊은이들로 가득하고
유흥 이벤트지인 이태원 거리에도
꼬리에 꼬리를 물고
핼러윈 축제를 즐기려 모여든다

밤이 깊어가자
죽을 둥 살 둥
한창 피어난 꽃을 닮은 젊은이들이

얼굴에 제멋대로 페인트를 칠하곤
키득키득 조잘대며 모인 장소에는
어느새
밀려든 인파로 콩나물시루 같다

꽉 찬 어느 좁은 골목 경사진 길에서
몸을 포개며 우겨진 채로 떠밀려
위아래로 오가다가
밤 10시 15분,

산사태처럼 내리막길로 우르르 넘어지자
순식간에 엎어진 몸 위로 5겹 6겹 짐짝이 되어
"살·려·달·라!"는 비 명과 신 음, 아 우 성 판,
애 터지게 발악하며 게거품과 숨 막히는 순간들
시월의 마지막 토요일 밤
무간지옥으로 변해 버린다

귀신 씻나락 까먹는 고대 켈트족의
죽은 자와 악마를 달랜다는 핼러윈은
낯선 이국땅에서
압사(壓死)라는 어이없는 대참사가 발생한다

붉은 사이렌 소리가 멎는다

누군가 찾아와서 국화 한 송이
간간한 통곡 소리로
적막한 설움을 이 자리에 뿌려놓고
호기심 많은 젊은이의 꿈과 감정발산은
전혀 예측하지 못한 골목길에서
검은 리본을 단 영혼들이 천국 승차권을 들고

팔랑팔랑 손 흔들며
밤나비가 되어 하늘로 날아갔고
발길질 한 번에도 거덜 나는 이 빈자리엔
긴 세월을 두고 아픔과 슬픔으로
역사의 흉터로 남아 있을 것이다

그리움과 설움이 한 방울방울 고여 오는 찬바람이 닿는 새벽녘

그래도
한 세대가 가면 또 한 세대가 오되
이 자리는 영원히 그대로일 것이고
태양은 떠올랐다가
서편으로 되돌아가고는
다시 떠오를 것이다

2022년 12일 최종-사망: 158명 부상자: 196명(자료: TV조선 9시 뉴스)

이를 어쩌나

11월 28일 저녁 5시 반
인천국제공항에서 김포국제공항으로 지하철로 이동하는데 캘리포니아와 다른 회색빛 하늘로 칠해져 있고 밤 11시 넘게 도착한 제주도에 쏟아지는 겨울 장맛비를 맞으며 예약한 호텔에 투숙했다 밤새도록 굵은 비는 창밖 가로등 불빛 틈으로 파리한 낯빛으로 부르튼 입술을 나불댄다
다음 날 오전 빗방울 속을 헤치며 딸이 근무하는 치과병원을 찾았다 나의 잇몸과 치아를 검사하고는 지금 당장 크라운 할 필요가 없다며 미국에서 촬영한 엑스레이를 왜 카톡으로라도 안 보냈느냐고 묻는다 이빨 모형을 뜨고 부산과 서울에 갔다가 이빨 모형이 완성되면 이곳에서 크라운을 끼우고 며칠 쉬다가 김포공항으로 가려 했다
푹 쉬고 가라지만 애들 셋은 다들 학교로, 사위는 대학병원에 딸은 개인병원으로 출근하고, 겨울 장맛비 속에 나 혼자 덩그러니 남아 눅눅한 방 안에서 나를 낯설어하는 강아지와 서로 컹컹대며 소릴 지를 것인데
오가도 못하게 하는 빗줄기와 찬바람에 항공권의 시간과 날짜를 확인하면서 출국날짜를 재조정한다 위약금은 현금은 안 되고 오로지 국내 신용카드만 가능하단다

이를 어쩌나
나 스스로 가시밭 속 심한 갈증을 느끼고 있다

2022.11.29. 제주도에서

수갑 찬 그녀

안 간다고 고함을 지르다가
대여섯 명의 젊은이들에게
두 팔이 등 뒤로 수갑 차인 채
그녀는 정신과 병동으로 끌려갔습니다

그녀의 남편이 평화봉사단으로 미국에 왔을 때
그녀는 서울에서 고등학교 독일어 선생이었지요
전공은요? 독문학을 했어요
아주 좋은 대학에서요
그녀의 남편은 무슨 이유인지 신학을 공부하겠다고 하자
직장에 사표 내고 한국에 있는 두 아들을 데리고
미국에 왔다지요

오래전 남편은 목회자로 봉사하다가 위암으로 세상을 등졌고
두 아들은 대학졸업 후
한 아들은 캘리포니아 얼바인병원에 근무
한 아들은 시카고에서 변호사
두 아들 다 장가보내 놓고
그녀는 절룩거리는 두 발은 류머티스성 관절염이라면서
여태 혼자 그늘을 씻어 내지 못하더군요

아파트 내 영어서류나 대화가 부족한 외국인을 도와주고
여러 가지를 다 간섭해 주고
찬송가 한 자락 불러주며
아멘, 기도하지요

그런데 어쩌지요
우울증 치매라나요
그녀의 인생이 담겨 있는
기억을 죄다 잊어버리고
나머지 인생을
홀로
골방에 앉아 슬픈 詩를 쓰겠네요

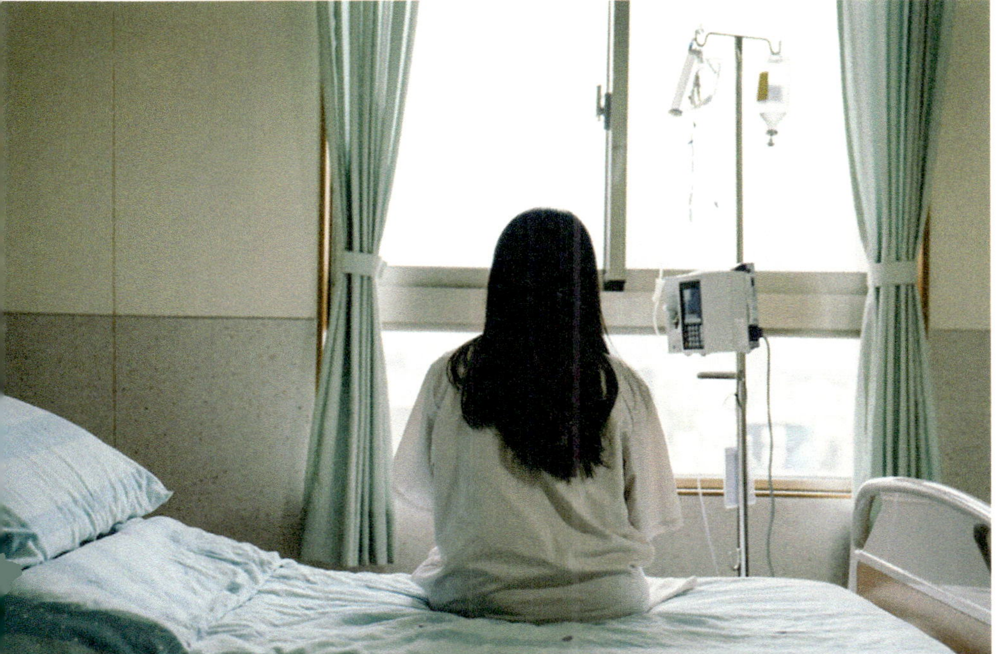

어이없을 때는

어이없을 때는 골수박 파듯 해변을 찾아간다 파도가 차르르 밀려왔다가 하얀 물거품이 빠져나가기를 반복하는 모래사장 앞에 서면 갈매기 날고 누구의 접근도 원하지 않는 검푸른 바닷물이 넘실대는 바닷가 모래톱에 기대어 앉아 무기력에서 벗어나고자 한다 인생길 길목마다 수없이 엮이는 얼떨떨한 자국들 결벽증이랄까 고독증이랄까 울화로 멍든 자리 누가 건드리지 않게 오롯이 혼자 품어 안고 살아가는데 아뿔싸, 또 하나의 지나간 어이없는 아픔 한 개가 툭 불거져 나와 혼자 시름시름 되새김질한다 삭혀야지 주어진 운명을 고이 삭혀야지 돌아서 눈 감고 깊은 바다에 버려야지

벼룩시장

매주 토요일 하루
고등학교 주차장에는 여러 형태의 오래된 물건들을 가지고 와서
장사한다
이곳엔
흘러간 세월
정지된 시간 속의 추억들이 가끔 되살아날 때가 있어 좋다

한 매장은 LP와 이동식 턴테이블이 놓여 있다

몇 장의 LP 표지를 뒤지다가
코니프란시스의 얼굴이 보이고
내가 좋아하는 곡 '사월의 사랑'이 들어있다
또 다른 LP에는 트윈폴리오의 번안곡 '웨딩케이크' 원곡도 있다
주인의 허락을 받고
헐겁고 낡은 케이스에 들어있는 LP를
턴테이블에 올려놓고 헤드폰을 귀에 낀다

켜켜이 쌓인 세월은 하나씩 들춰지며
마음 깊은 곳까지 찾아온다
내 열일곱 아련했던 까까머리 노랫소리가 들려오고

아날로그에 깃든 찌직대며 마모된 추억과 함께 춤춘다

LP의 먼지를 물걸레로 조심스레 닦아내었던 체험과,
바늘이 다른 곳으로 튀어 엉뚱한 소리가 재현되었던 황당함
영어 가사를 한글로 적어 놓고 따라 불렀던 교감은
보일 듯 말 듯
철없었던 풋과일 냄새가 하나씩 되살아난다

집에는 턴테이블도 없는데
흘러간 세월
정지된 시간 속의 그리움을 위해

LP 두 장을
소중하게 들고
벼룩시장을 벗어난다

물비늘

호수 건너
노을빛은 서쪽 빌딩에 다다르고

에코공원* 벤치에서
낚싯대의 미끼를 끼우며 혀를 끌끌 차며 허탕만

궁금해
시간을 낚는 게 아니라
소주 한 잔 초고추장에 찍어 먹을 횟감을 찾는가

에구, 이 웬수야
밤새 자넬 기다려야 해?

낚싯대 드리우고 월척 한 마리 건져 올려
그늘진 얼굴 비누로 빨아 밝은 얼굴 말려 놔야 하는데

여기가 어디라고
진자리 가시 돋아나

세차게 내뿜는 분수의 살갗도
해진 호수의 물비늘도 어둠에 빨려든다

* LA 동북쪽에 있는 인공호수

무지개(1)

밝은 대낮에 소낙비
한바탕 콩 볶다 잠잠하고
새색시 머리에 달린 일곱 색
고운 긴 반달 꽃댕기를
참빗으로 빗어대다가
무슨 일이 있는지
거룩한 성채인 양
이내
마법의 성으로 가버리네

무지개(2)

활짝 피어오른 무지개가
춤추며 내려오는 일곱 선녀는
폭포수가 다리가 위에서 춤추고
노인이 다 된 나이에도
평온해지는 마음으로 변하고
얼키설키 엉켜 있는 세상만사 다 잊고는
비눗방울 놀이하는 어린애처럼 좋아라,
설빔에 입었던 오방색 꼬까옷 같은
즉석 사진을 그리운 이에게
카톡으로 보내야겠습니다

로데오게임

날뛰는 황소 등짝에서
추락 안 하려
두 손발과 허리에 무게 중심을 잡는다

이내 꼬꾸라진다

코인을 넣고
한 번 더
투우사의 흉내를 내어 본다

비록 모형 황소 가죽 등짝이지만
대뜸
지나간 나의 청춘을 목도하기도 하고

건조한 날

메마르고 건조한 날이 시작된다 서서히 진드기가 극성을 떤다

견주는 개들을 데리고 인도를 거닐다 똥오줌을 누이며 산책시킨다 똥 누면 준비한 초록색 비닐을 펴서 손바닥으로 담아 비닐을 거꾸로 빼내어 묶어 가지고 간다 개들은 가는 곳마다 수도꼭지가 달렸는지 자신의 영역이라고 오줌을 갈겨대며 표시한다 그곳에는 눈에 띄지는 않는 진드기가 들끓는다 그 옆을 지나는 애꿎은 산보객들의 다리 피부를 물어댄다

햇살이 쏟아지기 전 나무 그늘이 있는 인도로 걷다 보면 개와 함께 있는 견주와 자주 마주친다 자연스레 찻길로 피해 걸으며 "개판 이 네"라고 혼잣말을 내뱉는다 이미 아침나절의 인도는 견주와 반려견을 위한 길이 되었고, 정작 그 길을 걸어야 할 시민은 쫓겨난 손님이 되어 있다

안 물리려면
빠르게 걸어야 한다
운동이 된다
조심하는데도 물린다
나갈 때마다 두꺼운 양말을 신는데도

집에 돌아와 붉게 피어오른 부위의 피를 뽑아낸다 티트리오일*을 상처 부위에 바른다 물린 부위는 며칠 동안 가렵다 쉽게 잠이 깬다 견디다 못한 내압이 터져 나와 다시 피를 뺀다 잠자다가도 진드기가 황소 뿔을 잘라 먹듯 깊은 잠이 안 든다

내일도
반려견이라는 미명 아래, 개로 태어난 게 팔자소관이라며 먹이와 대소변을 강제당하며 하루 한두 번 목이 묶인 채 외출할 것이다

* 진드기류에 물렸을 때 진통 효과가 있는 바르는 액상

제 5 부

샘터

비누
– 장기 코로나 후유증

공공장소 입구와 화장실에 놓여 있는
알토란 같은 세척제
흙먼지 묻은 손 씻을 때마다
은하수 방울별들이 흘러내리는
비누가 그립다가도
얼른
미끈거리는 세척제를
서낭당 치성 올리듯
두 손바닥이
마르도록
비벼댄다

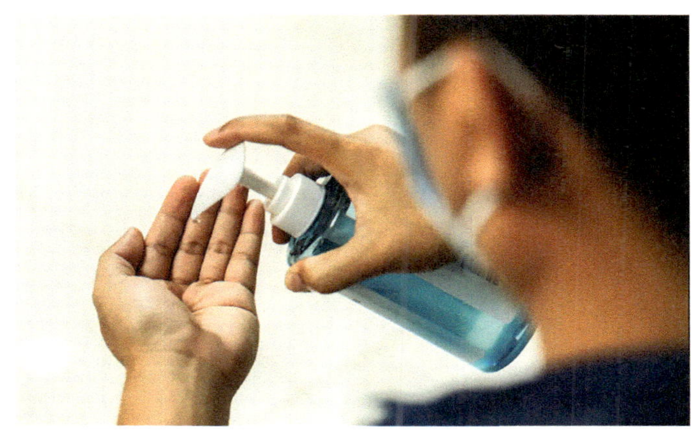

귀향

깊은 밤
베란다에 나와 앉아 맥주 한 캔 마시다
문턱에 걸려 넘어졌다

경계가 없는 하늘 아래
스스로 하모니카 몇 곡을 깃대 없이 꽂으며
방탕한 내 명정의 여백을 헤집다가
알함브라의 궁전을 크게 틀어놓고
저 먼 곳에서 내려오는 애잔한 여섯 줄의
감미롭고 아픔을 다그치는 소릴 듣는다

곧안개 걷혀
드러나는 그리움 같은
풋풋한 기억 속에 있는 사람

눈물이 난다
적막이 바람 소리처럼 들려온다

눈감아도 사물의 결 읽을 수 있고
애틋한 이의 얼굴을 쓰다듬듯

밤하늘을 자유롭게 떠다니며
내 영혼은 뭇별이 되어
한 아름 쏟아져 내린다

한 해를 맞으며

봄이 되었는지 나비가
창가 란타나꽃 앞에서 팔랑대더니만
산보길에
혀를 내밀게 하는 더위의 목줄을 피해
그늘 속 길거리를 활보하는데
벌써 가을 산이 거리에 내려와서
잎사귀들이 붉은빛과 황금빛으로
타들어 간 흔적을 내어놓고는
하얗게 눈 덮인 먼 산
푸른 하늘이 저리도 투명해
시간의 셈이야 오죽했으랴

온 세상을 뛰어다녔던
젊음은 가고
내 몸 곳곳에
분홍할미꽃이 피어 있네

어라, 또 나이 한 살이
넌지시 날개를 펼치고
눈앞에서 하얗게 머리 쉰 채로 다가왔네

평생 허깨비 놀음만 하다가
저승사자와 함께 떠나갈 것인데
잘도 내닫는 시간들
길든 짧든 진솔한 삶을 위해
기도할 시간은 충분하게 주라고
항변하면 안 되나

세월이여, 오늘 같은 새해 첫날은
또렷하게 거둘 수 있는
해돋이라도 볼 수 있도록
창문을 동쪽으로 옮겨
환하게 빛나는 둥근 해를
내 가슴을
온전히 비추어 주시게나

-계묘년 첫날

투어鬪魚

수초도 없는

독방에

갇혀서도

화려하게 치장을 하고

심해어처럼 고집스런 고독이

얼굴에 덕지덕지 들러붙도록

오늘도

홀로

전투를 기다린다

* Betta splendens는 혼자서 생활하는 습관을 지니고 있다. 수컷의 지느러미가 화려하며 상대방이 피하지 않으면 온몸의 지느러미오· 아가미뚜껑을 펼쳐 싸움을 한다 해서 싸움고기라고 부른다.

얼룩말 산책

마음을 삭히고
빈집 같은 넓은 방에서
홀로 누워 있어도
아른아른 떠오르는 부모의 얼굴뿐

삭혀야지, 고이 삭혀야지
징징대는 봄바람 소리 가슴에 안고
내 깊은 속내의 그리움이
얼씬거리지 못하게 삭히는데도
언제나 밤은
낮보다 사뭇 길기만 하다

–언제 올 거야
–내가 찾아간다 저승길이 얼마나 먼 곳인지 모르겠지만

한나절
서울어린이대공원 나무 데크를 발로 부숴버린다

(나는 더 넓은 남아프리카 고향을 등진 유랑객의 위대한 후예잖아)

봄날 연분홍 벚꽃을 보며 발바닥이 닳도록
서울 도심도로를 달린다
나도 모르게 콧구멍이 벌름거린다
멋진 만남은 시(詩)처럼 향기롭고 음악처럼 감미롭다고 했는데
황사 바람이 코를 찌른다
자동차들이 길을 가로막는다
비좁은 자동차 사이를 비켜 주택가에 들어간다
그런데
빠져나갈 길이 안 보인다

– 3.23 오후 3시경 서울어린이대공원 사육장에 있는 얼룩말이 탈출하여 서울 시내 일대를 활보한 사건. –사진: TV조선 뉴스(2023.3.24)

설산

요 며칠간
밤사이
먼 산에
눈 내리고 쌓이다가
해가 뜨면
칠칠치 못한 눈 녹는 소리

도시엔
비 내리고
높은 산에는
눈 오고

눈 녹는
그
사이
하얗게 변해 있는 눈산

여긴
꿈에나 있을 법한
설산(雪山)이고

허기져 있던 겨울 낭만은
오늘따라
유독 포만감에
황홀을 먹고 있다

내 마음에도
경칩이 오려나 봐
안개비야
밤마다 내려라

– 캘리포니아 남부는 아열대성 기후로 일 년 내내 비를 보기 드문 곳이라, 눈 보기는 거의 불가능한데 이상기온 탓인지 참으로 특이한 경우임(2022.3.2.)

샘터

파란 공기 흰 물감을 펼친 곳
높은 산 병풍처럼 펼쳐진 곳 아래
하늘로 솟구친 나무숲 사이
깊은 계곡에 샘터가 하나 있다

목마른 길손이 찾아오면
편히 마실 수 있을 정도로
땅속 깊은 곳에서 샘물을 퍼 올려
작은 강처럼 흘러내린다

옛날 요세미티 인디언들은
이곳을 물의 원천이고 생명의 성지
행복의 씨가 자라는 곳으로
길흉사에 몸과 마음을 정화했던 곳

황톳잎 떨어져 있는 샘터
입을 대고 듬뿍, 또다시 듬뿍
흘러내리는 겨울의 물소리는 가까이에 있는 듯
멀리 있는 듯 그리운 소리로 들린다

– 2023.2.3. Pern Spring

꿈이로다

나 보이지 않는 곳에서

“꿈이로다 꿈이로다
모두가 다 꿈이로다”
귀에 익은
타령이
흘러나오고 있다

인생은 휘어진 등으로 홀로 우는 법을 가르쳐 주신다

껍데기의 침묵

파도 소리에서도 고요
삼라만상을 머금은 껍데기
들여다봐도 알 수 없는
그 한 층 아래로 흘러나오는
강인한 긴 인내

껍데기 속에 감춘 침묵을
요리조리 자르고
갈아내는 자지러지는 소리에
심연에 박힌 단단한
속내를 드러내며
영롱한 시(詩)들이 여린 손끝에서
내벽의 오로라로
엉켜진 비애가 벗겨진다

브로드웨이에서

삼각형 테라스가 눈앞에 있는
멋진 101층 식당* 자리에 앉아 있는데
유리창을 타고 내리는 안개비가
면사포를 길게 늘인 것처럼
도심의 마천루 숲을
열렸다 닫았다 하며
여백이 있는
한 폭의 동양화로 펼쳐 보인다

간간이 떨어지는 빗방울을 뒤로한 채
내 젊은 시절
이곳
뉴욕 브로드웨이를 걸으며
향기로움과 소박했던 기억을 품은 채
대망의 군중 속에 뛰어들었다

…
…
…

내 머릿속에 관여할 수 있었던
대부분의 이곳 기억들은
혼잡한 인파에 묻혀
허공에 떠다니는 은빛 그물이 되어
순간적으로 다 망각되었고
어디가 어딘지를 몰라
머릿속에만 옛날을 이야기하며
하늘 높이 솟아있는
빌딩만 쳐다보며 서성이는데
도심 속의 새들은
차량들의 소음에
찌들어 충혈된 눈만 꺼벅이며
노래하지 않는 이유를 이제사 알았다

온기 없는
작은 카메라 가방을
어깨에 메고 다니는데
그마저
사용할 우연도 없어지고
왜 그리 몸과 마음이 무거운지

나 자신이 카메라 가방 속에 갇히는
떠돌이별이 되어 걷는다

아직도
내 가슴에는
옛날이 그대로 남아 있는데
싸늘한 고독만
낙엽처럼 떨어지다가
어느 길 한복판 아스팔트 주변
벤치에 앉아
밤새 머물지 못한
내 영혼만 떠돌고
내가 감당 못 할
긴 변명들이 길게 꼬리를 남긴다

–The PECK Restaurant in New York

–2022.8.1.

해상마을 사람들
– 바자우족의 삶

국적 없이 흩어져 있는 바자우족* 사람들
육지와 가까운 바다 위
전기와 물도 없는 양철지붕 판잣집 수상가옥
아예 흩어져 떠돌이 선상생활 하는
욕심 없는 단순한 삶의 인생들은
낮은 은빛 물비늘 세계
밤은 반짝이는 별세계
비가 올 때는
양철지붕 위로 떨어지는 빗물을 모아
세수와 빨래용으로 이용하고
맨날천날
출렁이는 바다에서 고기 잡고
빈 페트병에 긴 줄을 엮어
아갈아갈 해초** 키워 뜯어 햇볕에 말리는 사이
수확한 랍스터, 전복, 물고기와 함께
해상 선착장에 내다 판 몇 푼의 현금으로
식용품과 식수를 구매하는
욕심 없이 살아가는 원시 부족
보트와 보트에서 만나 어린 나이에 결혼하고
신부는 고작 남자의 보트로 옮긴 후

밥 먹고
애 낳고
똥 누고
그렇게 살다가
죽어가는 인생이래
가끔 보트를 몰고 오는 방물장수 오랑까빨[***]은
생필품과 주전부리로
애들의 침샘을 자극하고
애들은 말레이시아 정식교육이 인가된
가까운 육지의 초등학교에서
이슬람식 교육을 받으며
하교 후
다시 바다 위의 집에 돌아가서
부모를 도와주는
그런 삶을 이어가다가
한없이 베푸는 고향 같은 바다 위에서
생을 마감하고
외딴 섬, 죽어야만
조상의 공동묘지에 묻히는
해상마을 사람들

* 인도네시아, 필리핀, 말레이시아 등의 동남아시아의 육지에 근접한 바다에 거주하는 오스트로네시아어족 계통의 소수민족
** 우뭇가사리 비슷한 바닷말
*** 보트를 이용해 물건을 파는 장사꾼

제 6 부

영정사진

기생충

배가 출출해 찬장을 뒤진다. 라면 한 봉지가 눈에 띈다. 유통기한일이 몇 달이 지난 제품이다. 유통기한도 지났고 평소 잘 먹지 않는 라면이라 버릴까 생각하다가 건조식품이라 맛있게 끓이는 방법이 있나 싶어 인터넷을 검색한다. 라면 겉봉에 쓰인 것부터 각자 각 삶의 의식주와 맛에 대한 것이 매뉴얼화 되어 수십 가지가 넘는다.
들어있는 서너 개의 스프를 뜯어 넣고 라면이 끓기 시작하자 냄비째 후루룩 소리를 내며 면과 함께 국물맛을 본다. 짠맛이 혀끝을 자극한다. 바닷물이 햇볕을 받아 응축한 순백의 결정체인 소금은 물에 닿으면 녹아 사라지며 맛의 원초적 풍미를 주는데, 내 입에서 느껴지는 라면 맛은 짜고 쓴맛뿐이다. 냉장고에 있는 냉수를 꺼내어 간을 맞춘다. 면발은 퉁퉁 불어나고, 내가 원했던 맛이 아니라 먹기를 포기한다. 싱크대에 붙어 있는 디저포저에 갈아 버린다. 그리곤 후추가 들어있는 또 다른 짠맛의 감자칩을 우두우두 씹는다.

우리의 인생은 이승에 밥 빌어먹는 비렁뱅이인지라
평소 내 밥상은 침묵이 참 밥상이었다고 자부했는데
저마다의 맛에 대한 이유와 핑곗거리를 찾고 있다, 마침내
파란색의 하늘과 닿아 있는 먼바다의 조화에 합당한 합리성과

균형을 어느새 이의를 달고 자신도 이기심의 욕망 도구가 되어,
그 맛마저
내가 이 세상에서 느낄 수 있는, 그런 갖가지 땟국물이 뚝뚝 흐르는 허망한 세상의 빛깔과 맛을 찾는 기생충이 되어 버렸다
어,느,날,배,가,출,출,한,날,
라면이, 내게 찾아왔어도.

이별

왜 그리 빨리 떠나려나

떠나지 않으면
그리움이 식을 것 같아서

돌아오려면 반드시 떠나야 하는
계절처럼

아프다

느낌도
가슴도
시선도
거리도

내 마음속엔

나를 부르는
이별의 노래뿐인걸

–2022.12.4.

해후

그동안
어린 달이 지고
청년의 보름달이 꽃필 때
결혼과 함께
우리는 각자의 생활터로
멀리서 긴 세월을 건넜다

우릴 키운 부모님과
친척 어른들 모두는
저승에 계시고

우리 남매는
약봉지가 일상이 되어
너덜너덜 늙은 달이 뜨는
십일월 그믐날

남동생은 홍천에서
여동생은 남해에서
나는 미국에서
형님댁에 모였다

다들 고희(古稀) 위아래
아직도
동그란 얼굴 그대로,
주름진 옛날에 머물렀던 잔상을
하나씩 꺼내다 보니
어릴 때 한여름
바닷가 냄새가 난다

각자 악다물었던
삶에 대한 성을 허물고
기억 한 조각씩
살아온
살아가는
생활터의 이야기와
자식들에 대한 이야기 등으로
얼기설기 얽힌 주름진 손을 맞잡는다

다음 만남은
꽃 피고
꽃 지고
빨강 열매가 맺히는
막연한 계절에 맡기곤
잠시 머물렀던 자리를 툴툴 털며
일어선다

–2022.11.30. 부산 광안리

칠십령, 재에 들어서니

깔딱고개에서 굽어보았지, 인생길
서툰 청년재를 지나고
잘도 내달던 중년의 세상길 건너곤
이 약 저 약 하나씩 늘어나며
눈썹에도
눈꽃이 하나씩 내리노니

가을이 붉다는 것은
청춘의 피를 휘발시킨 것
속은 여전히 이글거리는데
시답잖게 여겼던
민요와 판소리에 귀 기울이며
흥얼거리는
내 모습이 초승달 같다

잠 안 오는 밤
펼쳐놓은 노트 위로 떨어지는
하얀 머리카락은
이별가를 부르는
내 몸의 가랑잎이로세

유골단지

아버지가 먼저 그다음 어머니의 육신이 가루가 된 유골을 끌어안고 형제 가족과 친인척들은 한낮 화장터 부근 수목원에 재 흩뿌렸다

세상일은 알 수 없는 것, 나에게도 예측 못 하는 죽음이 갑자기 찾아올 수 있을 터 한국에 있는 딸 가족과 타 주에 있는 아들 가족에게 부음을 전하고 급하게 찾아오고 정리하는 시간을 고려해 생명보험회사에 나의 시신을 화장해 재를 유골단지에 담아 아들딸에게 넘겨주는 절차까지의 장례보험금을 완납해 놓았다 나머지 처리는 자식들의 몫으로

이를 대비하기 위해 나의 지갑에는 항시 몇십 달러의 현금, 운전면허증, 사망보험증 등이 들어있다

이미 MRI, MRA실에서 30, 40여 분씩 까상까상 메마른 시체실 같은 곳에서 눈 감고 대여섯 차례 주검 연습을 했다 병원에서 또 뇌에 끼어 있는 지방검사를 하란다. "안 해, 인제 그만할 거야 웰다잉(Well dying) 논의는 뭔지 몰라 이어폰 꼽고 귀에서 딱 따악 들리는 소리가 정말 듣기 싫어"

강가에 뿌려지면 바다 깊은 곳을 유영하다 하늘 높은 곳에 수증기가 되어 올라 구름이 되어 나의 영혼은 바람 부는 곳에 자유롭게 날아다닐 것이고, 수목장림에 묻히면 사철 내내 따뜻한 나의 영혼이 깃든 나무 거름이 되어 사슴 가족이 찾아오고 벌 나비 춤추는 볕 밝고 어룽 없이 물 잘 먹는 영혼의 터가 되어 줄 터

한 가지 소원이 있다면 살아 있는 그 날까지 정신줄 놓지 않고 내 삶을 마무리하다가 표식이나 비석도 없이 전기, 핸드폰, TV, 냉장고도 없을 저승에 계신 부모의 곁으로 가게 되기를

영정사진

문창지 달빛에도
조금씩 변색되어가는
부모님의 영정사진은
살아 있는 듯
내 얼굴과 조금씩 닮아간다

그땐 왜 몰랐을까
나를 낳았느냐고,
왜 그리 속을 썩여 드렸을까

내 얼굴에
주름이 깊어질수록
부모님에 대한 생전 기억도
희게 변해버린 머리카락처럼
흘러가는 세월에 깃든 듯
희미해져 간다

자세히 보면 언제나 무심한 듯
표정까지 그대로 닮아있다

소금 맛

내 삶의 기억 속에
짭짤하게 간을 맞추어주던
횃불 든 여인의 등대는
이제사
한 줌의 소금을 빚는다

오랜 항해로
내 머리카락도
바닷바람에 젖었다가
되돌릴 수 없게끔
하얗게 염색되어
또 다른 삶을 기다리며
간수를 빼고 있다

검붉은 낙엽에
나 불타 죽으면
한 뙈기 소금밭 항아리 안에
부서진 흰 알갱이가 되어도
소금 맛은 그대로 남아 있을까

–2022.8.2.

반달

가슴속에 묻어둔 말은 화석이 되고
추억은 꽃으로 탄생하지 못한 채
습기가 내리는 노을 속에 묻혀
산등선 따라
휘어진 길로 내려오는데

서녘 하늘에 뜬 둥근 달을 누가 반으로 쪼개어 놓았다

남아 있는 친척들의 인생도 절단된 반 토막
누구의 접근도 허락하지 않고
이승과 저승도 반으로 쪼개어져 있다

잊혀진 이송도로터리 입구 버스정류장은
눈을 감아야 찾아갈 수 있는 아련한 무대
명보극장 광고에 우리 집 양장점 간판이 보인다
사진관이 보인다
미장원이 보인다
옆집 약국이 보인다
길 건너 이 층 커튼 없는 다방이 보인다

찰랑거리는 물동이의 수돗물을 어머니는 장독에 부어 넣고
아버지는 큰집 마루에 걸터앉아 막걸리 마시고
고모는 머리에 난 새치를
사촌들과 놀고 있는 나를 불러 뽑아 달라신다

아물거리는 어릴 때 기억은
도깨비바늘처럼
늘
나의 옷깃에 붙어
떨어지지 않는 애환의 꺼풀

냉장고가 울어댄다

자다가 일어나
냉장고 문을 열고 끓여놓은 보리차를 꺼내어 마신다

어젯밤 지인의 죽음을 동료들과 함께 애도하며
오랜만에 마신 술이 목에 걸려
가시가 된 슬픔을 물로 씻어내듯
꿀꺽꿀꺽
내 속에 있는 가시를 걸러낸다

장례식장에서
사회자가 지인의 긴 이력을 읊고 생전의 영상도 민망할 정도로 길어, 불편해진 분위기가 영 이상해졌다 죽고 나면 북망산천의 한 줌 흙이 될 뿐인데……

또 한 번
냉장고를 열고 한 컵 더 마신다

한밤중
오늘따라 냉장고는 뭐가 그리 슬픈지 지치지 않고 그렁대며 울어댄다

기억

내 방 천장은 바다다
파도에 등 묻고 흔들리는 푸른 하늘을 베고 누운
나는

넓은 유년의 바다가 수시로 변해
아이들과 헤엄치던 얼굴에
해맑은 부챗살 그림을 그려 놓는다

어린 기억의 깊이는 몸살을 앓고 있다

아버지가 즐겨 부르던 노래가 아슴아슴하다
석탄가루에 찌든 배의 기관실은
푹푹 익은 열기 속에서도 요란하게 돌아가는 엔진소음
처음 뱃멀미했던 궤짝과 같았던 바닷물은
산같이 높은 파도가 휘몰아쳤다

관리사무실 앞 분수대 옆에
애가 넘어져 울고 있다
내 안에 있는 어린애도 함께 넘어져 울고 있다
아랫동네 철근 시소에 다리가 끼여 피 흘리며 서럽게 울어댄 적
이 있다

오른쪽 안쪽다리의 둥근 흉터가 두런두런 지난 세월에도 흔적은
기억에만 남아, 나는 침묵을 토하듯 고요하다

창문을 연다
멀리서 차들이 지나는 거친 숨소리
가끔, 구급차의 경적이 웽웽거리고 그 속에는 산 자와 죽은 자의
숨 고르는 고통이
내 방에 스멀스멀 들어온다
오염의 쇳가루 먼지가 날린다
창문을 닫아 버린다
먼 산 펼쳐진 도시의 소음을 멍하니 바라본다

내게도 희망의 돛대를 달고 마르지 않는 영생수가 솟는 바다 위
기관실에서 힘껏 일했던 기억이 있었을까
자신 있게 전진했던 젊음이 있었을까
즐겨 불렀던 노래가 뭐였을까

나는 지나버린 또 다른 기억을 기다리기도 하고
기다리지 않기도 한다

기도

장모님의 옆자리엔
큰 글자로 인쇄된 성경과 돋보기안경이 항상 놓여 있었다

주일날
교회 목사님의 설교를 들으며
조는 사이 성령님이 다녀가지 않게 해달라고
마음속으로 기도했었다

그랬던 장모님이
육십 넘어 예수님을 만나 성경 100번 넘게 완독했고
성경을 볼 때와 설교 시간에는 잠이 오지 않게 해달라던
기도를 잊고
깜빡 잠이 든 사이 하나님이 직접 데려가셨다

–2023년 3월 말, 만 95세로 사망

고향상실증 환자

비눗물에 씻겨
구멍 난 채 마른 고통이 춤추는
황톳빛 절은 바위산*을 노려본다

공룡 발에 남겨진 상처
코끼리 뼈만 앙상히 남겨져 있는
바닷속 해초가 말라버린
허리춤에 붉은 안개 서리고
허기진 먼지 펄펄 이어진 길

작년 말 부모님 안 계신
형님댁에서 전국에 있는
형제자매가 한데 모여 소주 한잔했는데
멀쩡했던 남동생은 전립선암이 뇌까지
전이되었다는 급작스런 소식이다

얼마 전 장모님의 사망 소식이 있었는데,
텅 빈 가슴 안으로
자꾸 슬퍼지고 메마른 눈물이 난다

파도에 몸 담그고 노래하는 옛 시절을
눈물겹도록 소원하건만
애달파라
이만큼 고독 속을 걸어왔으니
하늘길 풍선을 타고라도
머언 바다
깊은 바닷속
고래등에 올라타 함께 놀아 봤으면

* 세도나국립공원, 바위나라(Red Rock Country)

제 7 부

건망증

먹자골목에서 잠시

한창 익은 밤
젊은이들이 시끌벅적했던
초롱등이 길게 달린
자하문로1길 먹자골목을 걷는다

두꺼운 옷과 장갑을 끼고
목도리까지 두르고
달빛이 얼어붙은 길을 혼자 걷는다

아직도 젊은이들의 왁자한 테이블 속에
돈 세는 소리
다른 곳엔 띄엄띄엄
조용한 기다림과 긴 한숨이 있다

붉게 타오른 전기히터
그늘진 눈
메뉴를 흘깃 쳐다보며
지나치는 발길들
주인은 침을 꿀꺽 목으로 넘기며
손님 없는 겨울밤을 홀로 보낸다

* 故 김정구 가수가 불러 히트했던 대중가요

파리 여느 초여름
에펠탑이 보이는 잔디밭에서
어느 걸인의
유성기에서 흘러나오는 아코디언 곡
눈물 젖은 두만강*이
왜 그리 슬프던지
주머니에 있는 동전을 모조리
깡통에 넣어주었던 옛날 기억

춥다

오래도록 아픈 침묵이 목젖으로 들어온다

우리들 이야기

도시의 빌딩
차량들 건너 가로수에 핀
삼월의 부겐빌레아
종이꽃같이 민숭민숭하게 바람에 날리고
불의 넝쿨 사이로 뻗어 있는 태양
그 아래
제 그림자 검게 물고 늘어져 있는 남자,
남자들

(경제공황 때의 한 장면이 아니야)

세수는 언제 했는지
검은 손에 손때묻은 빈 커피잔
그 속엔 동전 몇 닢 딸랑딸랑 소리가 있고
지폐는 손아귀 안에 들어있다

–동전 몇 개 넣어줘
–동전 넣어주면 뭘 할 건데
–배고파 햄버거 사 먹을 거야
–그래 일하면 되잖아

-무슨 소리야 동냥으로 얻은 돈을
나, 황홀한 담배 한 개비 사서 피우고 나서

(총알처럼 욕이 날아와 뒤통수에 박힌다)

가지 마,

막다른 골목
쏟아지는 햇빛은 텐트 안에 들어가 있는데
내면에 내려앉는 그늘진 공기처럼 무질서의 도시 속에,
유혹 속에
너 이야기,
우리들 이야기

휘파람

외딴집
오랜 볕과 바람에 바스러질 듯
빛바랜 황톳빛 집 한 채
뒷마당 정자나무 옆
무덤가에는 비석 둘 서 있다

오늘처럼 바람이 심하게 부는 날

텅 빈 마당
아무렇게 자란 풀 위로
가늘게
짧게
길게
휘파람을 불어대고
빨랫줄에 매달린 빨래들도 펄럭댄다

닭장에 몰아치는
난데없는 마파람에
닭들이 놀라 종종걸음 하는데
볏을 털며 빨갛게 깃 세운 수탉은

화들짝 두 날개를 펄럭이며
목청껏 고함을 질러대고
쭈뼛쭈뼛 쏟아 오른 목덜미 깃털에서도
휘파람이 새어 나온다

소릴 질러댄다
고통을 뱉어낸다
그래, 내압에 터진 공상이 춤춘다
그래, 날아간 젊음의 낭만도 노래한다

건망증

기억 안 난다며 쉽게 등 돌리는 이를 비겁하다고 생각했다,
그러다
가끔 ID와 비밀번호가 생각 안 나는 일이 발생한다
큰일이다
요즘의 세상은 모든 게 숫자놀음인데, 그럴 때마다 헷갈리기 시
작하는 것
놀란 가슴으로 다른 컴퓨터를 뒤져 찾아내기도 하고
지나간 달력을 한 개씩 뒤지며
마음을 달구다가
근근이 찾아 놓은 단어와 숫자를 달력에다 갈겨놓고는
서럽기도 하고 벌 받는다는 생각이 든다

이런 날
입속을 널브러지도록 달군 마른 허기를
커피머신에서 커피를 내려
쉽게 눈에 띄는 잔이나 그릇에 따라
멀리 산이 보이는 책상에 앉아 마시며
세월 건너편으로 건너가는 바람과 이야기도 하고
오지랖 넓게
맞은편 언덕에 십자가가 달린 교회에는

둥글지 못해 부러진 영혼은 얼마나 될까,
가까이 오가는 차량들을 힐끔힐끔 세기도 하고

세월의 달력 속에 나는,
쪼그랑 할배가 되어가면서도
옛날을 주워 담아 엇나갔던 졸렬한 시선에 애증을 느끼고
타박타박 걷던 유년의 윗목에도 또 다른 그티움을 그리다가
얼른 구구단을 하나씩 머릿속으로 외운다
어 라 그 게 뭐 더 라
헷갈린다

하품을 한다
멍청한

하늘(1)

부풀어 오른 청옥빛 하늘
이음매 한 곳 없다
팽팽하다

가슴 온통 뻥
뚫린 채
날아오른다

하늘에 앉아 밥 먹는다
먹어도 먹어도
배가 고프다

하늘(2)

하늘은 아무 곳에나 찾아간다 가슴에 피 울어대는 상갓집 그릇 씻고 빨래 삶은 구정물에도 찾아와 바람 소리 하나 내지 않고 속내를 드러내지 않은 채 곳곳에 찾아가 함께한다 부평초 같은 우리네 인생은 내 것 네 것 우리 것이라 구분하는 찌질한 삶인데, 누구의 편을 들지 않고 마시는 소주잔까지 늘 가뭇없이 찾아와 마시고 싶다 붙잡고 싶다 싫어도 하늘은 아무 소리 없이 동행하다가 돌아간다

잠 안 오는 밤

잠 안 오는 밤
옛 시인은 호롱불 밑에서
붓을 들거나 묵화를 그려댔다는데
빈손에 든 텅 빈 고요는
가도 가도 잠 안 오고
머릿속 하얗게 말개지는 밤
골동품이 된 필름카메라를 끄집어내어
아련했던 질감을 만지작거린다
신경에 칼날이 선다
혼자 있는 방
창밖 하늘에 떠 있는
노란 점박이 별을 센다
별 하나 별 둘
잠잠하던 도로에
헤드라이트 불빛이 하나둘 오간다
파리한 새벽
빈 가슴
생각을 둥글게 말아
덧베개에 포개어 놓고
침대에 몸을 눕혀도

잠은 안 오고

헛기침만 나온다

새벽안개

밤새 벗어버린 헌 양말 대신
커다란 양말 한 켤레 신는 꿈을 꾸다
보이지 않는 새의 울음소리에
눈 뜨자
창문 밖 세상은
뽀얀 버선들이 걸려 있다

새벽안개에
젖어 구부러진 나무 잎사귀는
졸음 섞인 날씨에
화가 나서 부루퉁 입술이 불어 있고
녹아내리는 바람 사이로
사물놀이 한마당
굿거리장단 열두 발 상모 고갯짓이
한 무더기 그림 같은 흰나비 떼
제자리 돌고 돌아, 또 돌아
허리가 잘린 잔상들은
바람 따라 어디론가 가버린다

아픈 기억
머릿속에 감돌지만
허리가 잘린 아픔만이
바람을 따라간다

결코,
새벽안개 때문만은 아닐 터인데

별이 빛나는 밤

인간 고흐는 시인이 되어 새벽녘 정신병원 창밖의 마을 풍경을, 팔레트에 물감을 섞지 않거나 직접 짜서 칠하는 방식으로 감각에 의해 붓 터치를 해댄다.

정신적 고통의 창가에 서서
낮에 보았던 한가한 마을
잠이 안 오는 새벽녘
밤하늘 아래 잠이 든 마을엔
정적과 빛의 소리
부평초 같은 자신의 내밀한 처지가 생각난다.
고향과 교회 첨탑
목사 아버지와 헤프게 사랑했던 연인들
친구와의 이별과 심한 고통
자살 충동.

오래전이다.
친한 친구와 런던 시내를 구경하다 공항에서 밤새우고 독일에 있는 선배 집에 머물다가 기차 타고 암스테르담에 있는 빈센트 반 고흐의 대형전시실을 찾았으나, 자신이 실패작이라고 말한 이 걸작품은 뉴욕에 있다고 했다. 올 8월 첫날, 보폭이 다른 두 친구와 뉴욕 현대미술관을 찾아 작품을 만난다. 생동감이 곳곳에 흩어져 있는 색채와 소용돌이치는 거친 질감을 보게 된다, 공작거미가 된 나의 눈은 미어캣이 되어 바닷속 파란 싱크홀로 서서히 빠져든다,

73.9x92.1센티의 작품에는 활활 타오를 듯한 사이프러스 아래 멀리 잠든 시골 마을, 교회 첨탑과 불이 켜진 집들이 서넛 있고, 푸른빛 밤하늘에는 구름이 꿈틀댄다, 허리가 굽은 연약한 그믐달은 노랗게 테를 두르고 주변 노란 별들도 둥근 테 속에서 듬성듬성 굵게 반짝인다, 돈 못 버는 화가라는 비판에도 고독한 미적 마술사의 손놀림은 승패 양분 논리를 무시한 채 총으로 권총 자살하기 직전까지 작품에만 몰두하던 가뭇없는 가위바위보 신세, 우울했던 노란색 광기의 패자와 사후 승자의 인생사,

유난스레 큰 별을 캠퍼스에 넣을 때 주변의 흰빛 둥근 테는 무얼 의미하는 것일까,

나의 방에서 내려다보이는 팜트리 아래로 새벽녘 밤거리엔 멀리 산 아래 십자가가 있는 흰색교회가 있고, 불 켜진 주택들과 정면

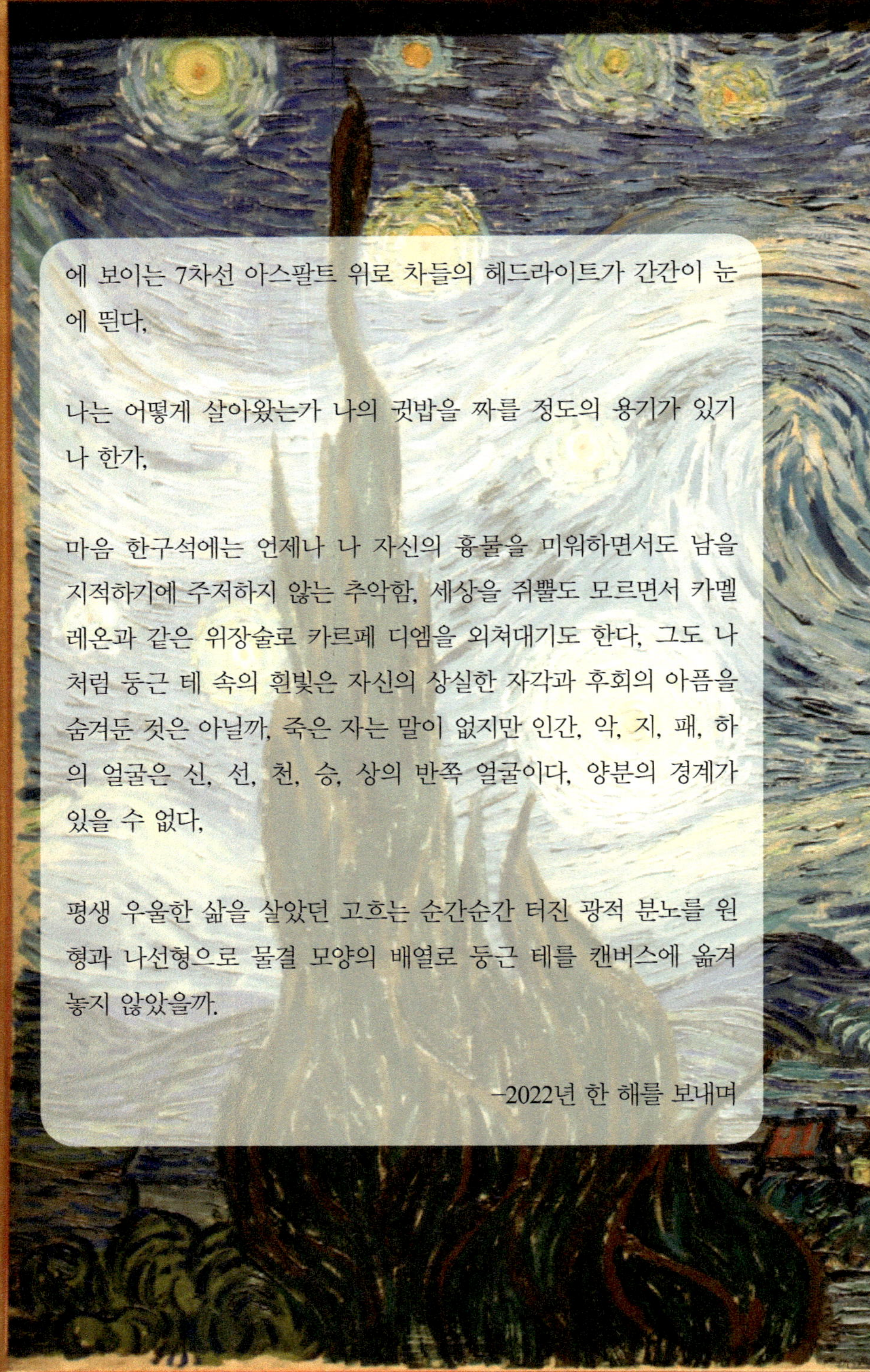

에 보이는 7차선 아스팔트 위로 차들의 헤드라이트가 간간이 눈에 띈다.

나는 어떻게 살아왔는가 나의 귓밥을 짜를 정도의 용기가 있기나 한가.

마음 한구석에는 언제나 나 자신의 흉물을 미워하면서도 남을 지적하기에 주저하지 않는 추악함, 세상을 쥐뿔도 모르면서 카멜레온과 같은 위장술로 카르페 디엠을 외쳐대기도 한다. 그도 나처럼 둥근 테 속의 흰빛은 자신의 상실한 자각과 후회의 아픔을 숨겨둔 것은 아닐까. 죽은 자는 말이 없지만 인간, 악, 지, 패, 하의 얼굴은 신, 선, 천, 승, 상의 반쪽 얼굴이다. 양분의 경계가 있을 수 없다.

평생 우울한 삶을 살았던 고흐는 순간순간 터진 광적 분노를 원형과 나선형으로 물결 모양의 배열로 둥근 테를 캔버스에 옮겨놓지 않았을까.

–2022년 한 해를 보내며

눈산

밤새 흠칫 비가 내렸지, 겨울 같지 않은 산
창문 너머
희뭄하게 밝아오는 먼 산
먼동이 동녘을 밀어내자
시에라네바다* 능선의 하얀 눈
눈 향기 사뭇 고요하기만 하다
바람 불어대고 쩍쩍 갈라진 살점만 보이는
저, 곳,
겨울이 찾지 않는 마른 산에
비 대신 소복소복 눈이 내렸네

그런데
눈 쌓인 산마루 위로
볕이 들자
산양이 이글루를 만들 기회도 주지 않은 채
감쪽같이 허물어지는 소리
눈꽃송아리 소리

거짓말 같아
눈으로 보는데도

믿지 못하겠어

마른 장승을 갖다 놓아야겠다
보초를 서라고

* 캘리포니아주의 센트럴밸리와 Basin and Range Province로 불리는 지역 사이에 있는, 남북으로 약 400마일(650km)이고 동서로는 약 70마일(110km) 길이의 산맥

눈사람

깊은 계곡 한복판
누굴 만나고 간 자리에 홀로 서 있고
그 주변에는 띄엄띄엄 삭아버린 발자욱들
누가 뭐라 말하고 갔는지, 흔적만 남아 있는데도
아직도 한겨울 사람 냄새 그립다

오늘따라
다닥다닥 붙은 눈이 내릴 물기 먹은 공기가 느껴져
무엇보다도 내가 여기에 있으니
처음부터 하나였던 것처럼
내 몸이 더 녹다가도
다른 눈에 뒤섞이지 않을 만큼
곧 송이눈이 펑펑 쏟아질 거야

흰 빵모자 쓰고
불룩한 얼굴에
두 팔은 나뭇가지
불룩 부른 배로 버티고 선 두 다리
칼칼한 찬바람 추움을 이기려
팔보다 굵은 시가*를

뻑

뻑

빨아대면서도

애타게 눈을 기다리고 있다

* 시가(cigar, 엽궐련: 담뱃잎을 돌돌 말아서 만든 담배)

–2023.2.2. Yosemite National Park

가시나무

일찍이 그녀의 몸에는 날카로운 가시가 박혀 있다

그녀의 일생은
피 묻은 가시관처럼
화려한 꽃을 피워도
아무도 찾아오지 않고
발목은 쇠사슬에 묶여 움직일 수도 없다

외롭다

꽃망울을 땅바닥에 뚝뚝 떨어뜨리곤
베르테르의 슬픈 사연을 말하다가도
환각제에 중독된 것이 인생인지라
비명은 지르지 않는다

오늘도
시선이 미치는
먼 산
하늘을 쳐다본다

소금을 풀어 펼쳐 낸 구경(究竟)적 삶의 지도

이택화
문학평론가, 시인, 소설가

1. 하얀 빛깔을 품은 삶의 지향

소금은 사물이나 현상을 바로 서게 하는 근본적인 성질을 지니고 세상에 풀려 있다. 그림이 그려지기를 기다리는 캔버스의 하얀색처럼 소금의 흰색은 삼라만상을 세우는 바탕색이다. 소금의 결정체는 흰색이지만 물에 녹아 스스로 희생하고 만물에 스며들어 세상을 유지한다. 흰색의 소금은 만물을 청정하고 순결하게 정화하여 신성성을 회복하는 힘을 지닌다. 바다에 풀린 소금물이 지구의 오염을 순화하여 항상 정결의 상태로 만들어 놓기에 오늘도 지구는 푸르게 빛나는 별이다.

사람이 머무는 곳에는 언제나 소금이 함께한다. 소금은 의식주를 유지하는 필수요소이다. 음식, 옷, 종이, 세제, 유리, 의약품, 가죽, 플라스틱 등을 만드는 데 소금이 사용된다. 지구의 70%가 바다로 이루어진 것처럼 사람의 몸도 70%가 체액으로 이루어져 있으니 사람은 작은 바다다. 체액은 0.9%의 염도를 지니고 있는데 염도가 높아지면 고혈압이나 위암을 유발하고, 낮아지면 소화 기능이 부진해지거나 의식을 잃게 된다. 한마디로 사람은 소금이 없으면 살 수 없다. 이렇게 비범한 소금은 물이나 공기처럼 흔하기 때문에 평범해 보일 뿐이다.

소중한 세 가지 금이 무엇이냐고 물으면 황금, 소금, 지금이라고 대답한다. 이 중에서 가장 소중한 것은 무엇일까? 소금이 없으면 생명이 없는데, 황금과 지금이 무슨 소용이 있겠는가. 그래서 최고의 금은 소금이다. 강정실은 이러한 소금의 소중함을 시로 풀어 제3시집 『소금 맛』을 세상에 내놓았다.

너희는 세상의 소금이니 소금이 만일 그 맛을 잃으면 무엇으로 짜게 하리요 후에는 아무 쓸 데 없어 다만 밖에 버려져 사람에게 밟힐 뿐이니라(마태복음 5장 13절)

성경 마태복음 5장 13절에서는 소금 맛의 중요성을 언급하고 있다. 이 명구는 사람을 소금에 비유하여 소금이 짠맛을 잃지 않아야 하는 것처럼 사람은 근본을 잊어서는 안 된다는 것을 알려준다. 맛의 근본은 짠맛이다. 짠맛으로 간을 맞추지 않은 음식은 맛이 없어서 버려진다. 사람도 마찬가지이다. 근본에서 벗어난 사람은 '아무 쓸 데 없어 다만 밖에 버려져 사람에게 밟'히는 짠맛을 잃은 소금처럼 사람들로부터 외면받게 된다. 강정실 시인은 소금 같은 시를 선물로 주고 순수하고 진실하게 삶의 방향을 이끌어가는 시인의 천명을 실천하고 있다.

내 삶의 기억 속에
짭짤하게 간을 맞추어주던
횃불 든 여인의 등대는
이제사

한 줌의 소금을 빚는다

오랜 항해로
내 머리카락도
바닷바람에 젖었다가
되돌릴 수 없게끔
하얗게 염색되어
또 다른 삶을 기다리며
간수를 빼고 있다

검붉은 낙엽에
나 불타 죽으면
한 뙈기 소금밭 항아리 안에
부서진 흰 알갱이가 되어도
소금 맛은 그대로 남아 있을까

– 「소금 맛」 전문

「소금 맛」에서는 소금이 되기 위한 인생길을 압축적으로 표현하여, 인생의 참된 결과인 '소금 맛'을 지향하는 시인의 내면을 보여주고 있다. '소금 맛'이 '그대로 남아 있'도록 이끄는 '등대'는 시각적으로 인생 항로를 알려주는 표지로 '횃불 든 여인'이다. '횃불 든 여인'은 프랑스 조각가 프레데릭 오귀스트 바르톨디(Frederic Auguste Barthold)가 디자인하고, 1984년 유네스코(UNESCO) 세계문화유산으로 지정된 자유의 여신상을 의미한다. 자유의 여신상은 자유와 평등을 상징하는 발판 위에 세워져 있고, 민주주의 원

칙을 지키려는 의지를 담은 책과 다양성을 인정하는 7개의 가시관으로 인간이 지향하는 바를 보여주는 건축물이다.

'횃불'은 이들을 이끌어가는 밝은 빛으로 '한 줌의 소금'을 빚는 힘이다. 바닷물은 햇빛을 받아야 비로소 천일염이 되고, 천일염은 '간수'를 빼야 쓴맛이 제거된 소금이 된다. 이 시에서 시인은 지구의 대부분을 차지하는 바다와 만물을 비추는 태양이 만나 빚은 소금 같은 사람이 세상에 많아야 인류 문화는 발전할 수 있음을 상기시켜준다.

'오랜 항해로' '하얗게 염색'된 '머리카락'이나 '한 뙈기 소금밭 항아리 안에 / 부서진 흰 알갱이'에서 드러나는 흰색은 다양한 빛을 합하면 하양에 가까워지는 것처럼 인생 전반에 대한 진정한 결실의 의미를 담고 있다. 이 시집에는 현란한 솜씨를 부려도 마음을 미혹하게 하지 않는 정심(正心)이 알알이 석류알로 박힌 정갈한 흰색의 결정체인 소금처럼 읽히는 시들이 많다. 이는 「이른 아침에」에서 드러나듯 '나 홀로 / 허공 구석구석을 적시는 물의 소리를 들으며 / 내 안에 접혀 있는 줄사다리가 스스로 펼쳐놓는다 / 산다는 게 / 뭘까' 하는 시인의 궁극적 삶에 대한 탐구의 표출이다.

강정실은 「브로드웨이에서」의 '왜 그리 몸과 마음이 무거운지', 「빈 주머니」의 '빈 주머니에서 찾으려 애쓰니', 「거미집」의 '두엇하러 힘들게 집을 지었나', 「귀뚜라미 울음」의 '내 안의 귀뚜라미도 울어댄다', 「기억」의 '즐겨 불렀던 노래가 뭐였을까', 「냉장고가 울어댄다」의 '내 속에 있는 가시를 걸러낸다', 「미혹」의 '오늘도 / 당신의 환한 웃음을 / 역술가의 부적처럼 / 가슴에 품고 / 기다리고 있다', 「별이 빛나는 밤」의 '나는 어떻게 살아왔는가 나의 귓밥을 짜를 정도의 용기가 있기나 한가', 「칠십령, 지에 들어서니」의 '흥얼거리는 / 내 모습이 초승달 같다', 「설산」의 '오늘따라 / 유독 포만감에 / 황홀을 먹고 있다', 「눈송이」의 '깊은 밤 늑대 울음을 되새김질한다' 등의 표현을 통해 참된 진실을 위한 선한 의지를 세워 아름다운 세계를 구축하고 싶어 한다. 이런 시들은 부산스럽고 우렁차서 주목받는 것들보다는 조용하고 순결한 세상을 신선하게 유지하고자 하는 흰색의 목소리를 표방하고 있다.

2. 소금 길이 펼쳐지는 세상의 만화경

(1) 알맞은 소금기가 필요하다는 현실 인식

작가의 현실 인식은 작품의 바탕과 골격을 이루는 중요 요소이다. 강정실은 예민한 사물 포착 능력을 사진작가의 렌즈로 담아내듯 감정과 거리를 두고 있어서 치열한 성취나 처참한 불편을 심하게 노출하지는 않는다. 그는 소금의 역할과 기능이 제대로 순환되고 있는 개인과 사회로 보지 않기에 필요로 하는 곳마다 소금이 풀려야 세상이 건강하다는 인식을 갖고 있다.

소금은 녹으면 무색으로 풀려 무형의 하얀 뼈로 맛의 골조가 되고, 생명을 유지하는 실핏줄이 된다. 시인의 눈은 예리하여 제대로 소금이 풀리지 않거나 지나치게 풀려 허덕이는 개인이나 사회의 갖가지 문제점을 놓치지 않는다. 그는 만족의 가면을 쓴 사람들이 짠맛에 목말라하는 허기로 고통을 받고 있음을 인지한다. 또한, 우월감을 가진 사람들은 비열과 멸시로 찌들어가고 있음을 인정한다. 소금기가 적당하지 않은 사람들의 고통이 시의 소재와 주제가 되고 있다.

비늣물에 씻겨
구멍 난 채 마른 고통이 춤추는
황톳빛 젊은 바위산을 노려본다

공룡 발에 남겨진 상처
코끼리 뼈만 앙상히 남겨져 있는
바닷속 해초가 말라버린
허리춤에 붉은 안개 서리고
허기진 먼지 펄펄 이어진 길

작년 말 부모님 안 계신
형님댁에서 전국에 있는 형제자매들이
한데 모여 소주 한잔했는데
멀쩡했던 남동생은 전립선암이 다른 곳까지
넓게 전이되었다는 급작스런 연락은

얼마 전 장모님의 사망 소식과 함께
자꾸 슬퍼지고 메마른 눈물이 난다

파도에 몸 담그고 노래하는 옛 시절을
눈물겹도록 소원하건만
애달파라
이만큼 고독 속을 걸어왔으니
하늘길 풍선을 타고라도
머언 바다
깊은 바닷속
고래등에 올라타 함께 놀아 봤으면

–「고향상실증 환자」 전문

미국에서 뿌리를 내리며 살고 있는 강정실은 고향 상실의 아픔을 시에서 자주 드러낸다. 시인은 시적 화자를 내세워 소금기가 빠진 사람의 아픔을 노래한다. 고향은 인간 본성의 근원이므로 고향을 상실한 사람은 삶의 지축을 흔드는 고독 속으로 빠진다. 그의 삶은 '구멍 난 채 마른 고통이 춤추는 / 황톳빛 절은 바위산' 같다. 그런 인생은 '코끼리 뼈만 앙상히 남겨져 있는 / 바닷속 해초가 말라버린 / 허리춤에 붉은 안개 서리고 / 허기진 먼지 펄펄 이어진 길'로의 행군이다.

고향의 이미지가 함축된 '부모님', '장모님'과의 사별이나 한쪽 팔 같은 '남동생'의 병듦은 '자꾸 슬퍼지고 메마른 눈물이' 나게 하는 사건이다. 이런 상황에서 시적 화자는 '파도에 몸 담그고 노래하는 옛 시절을 / 눈물겹도록 소원하'게 되고, '하늘길 풍선을 타고라도 / 머언 바다 / 깊은 바닷속 / 고래등에 올라타 함께 놀아'보기를 희망하게 된다.

들어있는 서너 개의 스프를 뜯어 넣고 라면이 끓기 시작하자 냄비째 후루룩 소리를 내며 면과 함께 국물맛을 본다. 짠맛이 혀끝을 자극한다. 바닷물이 햇볕을 받아 순백의 결정체인 소금은 물에 닿으면 녹아 사라지며 맛의 원초적 풍미를 주는데, 내 입에서 느껴지는 라면은 짠 소금 맛뿐이다. 냉장고에 있는 냉수를 꺼내어 간을 맞춘다. 면발은 퉁퉁 불어나고, 내가 원했던 라면 맛은 예측된 맛이 아니라 먹기를 포기한다. 싱크대에 붙어 있는 디저포저에 갈아 버린다. 그리곤 후추가 들어있는 또 다른 짠맛의 감자칩을 우둑우둑 씹는다.

우리의 인생은 이승에 밥 빌어먹는 비렁뱅이인지라
평소 내 밥상은 침묵이 참 밥상이었다고 자브했는데
저마다의 맛에 대한 이유와 핑곗거리를 찾고 있다. 마침내 파란색의 하늘과 닿아 있는 먼 바다의 조화에 합당한 합리성과 균형을 어느새 이의를 달고 자신도 이기심의 욕망 도구가 되어, 그 맛마저
내가 이 세상에서 느낄 수 있는, 그런 갖가지 땟국물이 뚝뚝 흐르는 허망한 세상의 빛깔과 맛을 찾는 기생충이 되어 버렸다

–「기생충」 부분

「기생충」에서는 '라면 맛은 예측된 맛이 아니라 먹기를 포기'할 만큼 소금기가 지나치게 많은 문제점을 드러낸다. 이 시에서 시인은 우리가 '파란색의 하늘과 닿아 있는 먼 바다의 조화에 합당한 합리성과 균형'을 갖춘 먹거리에 대한 감사를 잊고, '이기심의 욕망 도구'로 전락해 '기생충이 되어 버'린 현실을 보여준다.

소금물은 옅어도 진해도 고통의 비탈길을 만든다. 비탈길에서 염도를 맞춰 수레를 멈추지 않으면 생명체들은 부서지는 수레처럼 상하고 만다. 소금 농도가 만드는 인간사 경사는 가파르고, 충동만 남은 자들은 진정한 자아를 잃어버리고 부질없이 부서질 확신만 안고 떠밀려 다닐 뿐이다.

「휘파람」의 '오늘처럼 바람이 심하게 부는 날', 「국화꽃」의 '잠 못 들고 / 과거 현재 미래를 / 이 밤 내내 끌고 다니는지', 「껍데기의 침묵」의 '껍데기 속에 감춘 침묵을 / 요리조리 자르고', 「눈사람」의 '아직도 한겨울 사람냄새 그립다', 「느림의 미학」의 '인생이 끄인 사연이 굴비 두름처럼 쌓여 있는데도', 「되새김질」의 '그건 억측이고 오해인데 / 그게 아니었는데 하며 / 구불구불 접혔던 불편했던 기억', 「얼룩말 산책」의 '빠져나갈 길이 안 보인다', 「어이없을 때는」의 '고독증이랄까 울화로 멍든 자리 누가 건드리지 않게 오롯이 혼자 품어 안고 살아가는데', 「알약」의 '진득하게 덮여 있는 / 곪아 터진 곳이', 「비 오는 날의 여로」의 '하나님은 하늘나라 높은 천국에 계시고, 세상의 권력자들도 땅 위 높고 안전한 곳에서 생활하려 한다.' 「밤의 소리」의 '중생들이 살아가는 사바세계', 「밤거리」의 '현실이 마땅치 않아' 「수갑 찬 그녀」의 '안 간다고 고함을 지르다가 / 대여섯 명의 젊은이들에게 / 두 팔이 등 뒤로 수갑 차인 채 /그녀는 정신과병동으로 끌려갔습니다' 등에서 강정실의 어두운 현실 인식을 찾아낼 수 있다. 이러한 어두운 현실을 극복하려면 개인과 사회가 소금의 역할과 기능을 제대로 해내야 한다.

(2) 소금의 정화로 현실을 개선하려는 의지 표출

소금은 음식이 썩지 않게 보존하는 데 사용되었다. 냉장고가 없던 시대에 육류, 생선, 계란, 야채의 부패를 방지하기 위해 소금으로 음식을 저장하는 염장법(鹽藏法)이 성행했다. 생선에 소금을 뿌려서 보존하는 방법인 산염법(散鹽法), 오이를 소금물에 담가서 보존하는 방법인 입염법(立鹽法)은 지금도 많은 사랑을 받고 있다. 이렇게 소금을 사용해 부패를 막는 것처럼 강정실은 시를 통해 완전한 순수에 가까워지기 위해 죄의 정화가 필요하다고 주장한다.

정화는 어둠에 빛의 세례를 내려 불순하거나 더러운 것을 깨끗하게 하는 것을 의미한다. 정신분석에서의 정화는 억압된 마음의 응어리를 풀어 안정을 찾게 하는 일이다. 정화된 사람은 우울함이나 불안에서 벗어나 긴장하지 않은 상태가 될 수 있다. 시인은 어두운 현실 속에서 마음의 심화를 겪고 있는 인물을 내세워 정화로 현실을 개선하려는 의지를 표출하고 있다.

추운 새벽녘 요세미티로 가는 협곡에 접어들자 꼬부랑 산길에는 군데군데 모래소금이 뿌려져 있고 옆길에 치워져 있는 눈은 성벽처럼 높고 견고하다. 달리고 있는 차는 추운 날씨 탓인지 자꾸 엔진이 꺼져 가다 서다를 반복한다. 운전해야 하는 자나 그 옆에 앉아 있는 자, 둘 다 되돌아갈 수도 없는 난감한 곳이라 각자 현실을 예상하며 뜨악한 표정을 감추고는 서로의 불안을 숨기며 격려부터 한다.
속이 계속 울렁거린다. 안 하던 차멀미다. 급하게 차를 세워달라 요구한다. 문을 열자마자 애꿎은 눈 위에 꾹꾹 눌러놓았던 걱정이 구토로 터져 나온다. 점심때 이 자와 함께 먹었던 음식에 들어있던 고깃덩어리가 쏟아져 나오고 또한 바가지 썩은 구정물을 쏟아낸다. 온몸이 떨리고 심한 한기가 든다.
화강암으로 둘러싸인 나만의 도솔궁 밟기가 이렇게 어려운지, 세상 살면서 지은 죄 다 벗어버리고 오라 하는 듯 힘들기만 하다. 긴 터널을 지나고 드디어 예약한 25번 지정 자리에 텐트를 치고 옆에 앉아 있던 자는 차 안에서, 운전하던 자는 텐트에서 잠을 청한다.

—「요세미티로 가는 길」 전문

요세미티 국립공원(Yosemite National Park)은 빙하의 침식으로 만들어진 기암절벽이 유명한 곳으로 1890년 미국 국립공원으로 지정되었을 뿐만 아니라 1984년 유네스코 세계자연유산으로 등록되었다. 이곳은 미국 캘리포니아주 중부 시에라네바다(Sierra Nevada) 산맥의 서쪽에 위치해 있는데 약 1백만 년 전에 빙하가 침식해 화강암 절벽과 계곡이 형성되었고, 1만여 년 전에 빙하가 녹으면서 만들어진 300여 개의 계곡, 폭포, 호수가 절경을 이루고 있다. 이 중에 투올러미 협곡, 브라이들베일 폭포, 앨캐피탄 절벽의 명성이 높아 관광객이 많다.

시적 화자는 자연 본연의 모습을 유지하고 있는 '요세미티로 가는 길'이다. 대체물이 없는 소금처럼 견고해서 무너뜨리기도 사라지게도 할 수 없는 요세미티는 언제나 변함없이 한 자리를 지키며 한결같은 모습으로 서 있다. '추운 새벽녘 요세미티로 가는 협곡에 접어들자 꼬부랑 산길에는 군데군데 모래소금이 뿌려져 있고 옆길에 치워져 있는 눈은 성벽처럼 견고하다'는 표현 속에는 소금을 뿌리는 정제의식(精製儀式)과 단단한 순수를 지키려는 의지가 서려 있다.

이런 길에서 화자는 '속이 계속 울렁거'리다가 '안 하던 차멀미'를 한다. 그의 '눈 위에 꾹꾹 눌러놓았던 걱정이 구토로 터져 나'오는 행위는 부끄러운 과욕의 찌꺼기를 내쏟고 하얀 소금으로 돌아가는 정화 행위이다. 그가 '먹었던 음식에 들어있던 고깃덩어리가 쏟아져 나오고 또 한 바가지 썩은 구정물을 쏟아'내고, '온몸이 떨리고 심한 한기가' 들자 '세상 살면서 지은 죄 다 벗어버리고 오라 하는 듯 힘들기만 하다'고 생각하는 부분에서는 육체적 정화와 정신적 정화가 함께 일어나고 있음을 보여준다. 그는 세상살이로 영육에 달라붙은 죄를 겉에서 속까지 정화하는 입염법(立鹽法) 중이다.

「건망증」의 건망증에 시달리며 이를 극복해보려는 '나', 「개꿈」의 자신의 시체를 태워 뼛가루를 유골단지에 넣는다는 전화를 받는 '나', 「반달」의 어릴 때 기억으로 친척들을 생각하며 애환을 겪는 '나', 「해 질 무렵 출근」의 카지노 호텔에서 게임하는 자들, 「자전거 전용로에서」의 자전거 타기가 어려워져 마음이 불편한 '나', 「이를 어쩌나」의 출국 날짜의 재조정 문제로 심한 갈증을 느끼는 '나', 「우리들 이야기」의 무질서의 도시에서 유혹받는 우리들, 「영정사진」의 부모님의 속을 썩여 드린 것을 자책하면서 부모님을 닮아가는 '나', 「꿈이로다」의 휘어진 등으로 홀로 우는 법을 배우는 '나', 「개 같은 날」의 인종에 대한 편견에 불편한 '나' 등은 정화로 억압을 풀어 심신이 하얗게 편해져야 할 인물들이다. 강정실은 정화가 필요한 민낯의 어지러움을 아는 나이인 고희에 이러한 인물들을 내세워 소금으로 버무린 시 80편을 펼치고 있다.

파란 공기 흰 물감을 펼친 곳
높은 산 병풍처럼 펼쳐진 곳 아래
하늘로 솟구친 나무숲 사이
깊은 계곡에 샘터가 하나 있다

목마른 길손이 찾아오면
편히 마실 수 있을 정도로
땅속 깊은 곳에서 샘물을 퍼 올려
작은 강처럼 흘러내린다

옛날 요세미티 인디언들은
이곳을 물의 원천이고 생명의 성지
행복의 씨가 자라는 곳으로

길흉사에 몸과 마음을 정화했던 곳
황톳잎 떨어져 있는 샘터
입을 대고 듬뿍, 또다시 듬뿍
흘러내리는 겨울의 물소리는 가까이에 있는 듯
멀리 있는 듯 그리운 소리로 들린다

–「샘터」 전문

샘터는 정화수가 흘러나와 생명을 살리는 성지이다. '파란 공기 흰 물감을 펼친 곳 / 높은 산 병풍처럼 펼쳐진 곳 아래 / 하늘로 솟구친 나무숲 사이 / 깊은 계곡에'에 있는 '샘터'는 '옛날 요세미티 인디언들'이 '물의 원천이고 생명의 성지 / 행복의 씨가 자라는 곳으로 / 길흉사에 몸과 마음을 정화했던 곳'이다. 이러한 샘물을 시 속의 등장인물들이 '입을 대고 듬뿍, 또다시 듬뿍' 마신다면 신의 목소리를 '가까이 있는 듯 멀리 있는 듯 그리운 소리로 들'릴 것이다.

3. 신성성 회복으로 구원의 삶 실현

우리는 복잡하고 모호한 수학의 부호처럼 풀린 정보들로 방황하면서, 자신에게서 발견할 수 있는 아름다움을 놓치고 행복하지 못한 병에 걸려 있다. 이제는 단순하면서 명쾌한 소금의 원리에 순응하는 혜안을 가진 소금이 되어 행복을 되찾거나 발견해야 한다. 소금은 신의 섭리가 녹아 있어 사람살이의 기본 원리를 품고 있다. 이제는 우리가 소금기가 부족해서 싱거운지, 넘쳐서 짠지 마음의 농도를 살펴 평안해져야 한다. 평화와 안정이 행복의 쌍두마차인 사랑과 성장을 가져올 수 있기 때문이다.

신성성은 하늘 멀리 떠 있는 별만 닮은 것이 아니다. 만물의 원리인 신이 주는 통제권 안에서 만족을 주는 모든 것에 신성성이 내재한다. 바람이 불어야 하는 방향대로 순순히 불 때도, 꽃이 최고의 정점에서 필 때도, 사람이 마음의 평정에서 얻은 감사의 약수를 이웃과 나눌 때도 신은 함께하신다.

강정실 시인은 경험한 바를 일인칭 시점을 중심으로 시의 내용을 펼쳐내기에 같은 사람으로서 공감대를 형성하게 된다. 독자는 감정이 공감되면서 이성도 문을 열고 사색으로 들어가게 되는데, 과오의 깊이에 침몰하지 않고 시인이 열어둔 환한 신의 문으로 들어와 안정을 취할 수 있다. 이는 부정적 현실의 직시로 인해 생긴 마음을 상처 난 상태로 방치하여 불안을 형성하는 것이 아니라 수습하여 희망의 세계로 이끄는 시인의 힘이 있기 때문이다.

눈 내린 깊은 산 속
지극한 추위를 견디며
밤새 돌언덕을 타고 조금씩 내뱉는 고통의 흔적은
달빛을 받아 거꾸로 매달린 채
여러 형태의 수정 원석이 되어
그 흔한 곁가지 하나 내지 않고
한 올 한 올 일렬로 내리꽂기만 한다

자신을 다독이는 단단한 고집들은
훈련병처럼 기합이 단단히 들어
끝은 살아 있는 비수처럼 날카롭다

한낮 햇살이 길게 비치면
끝의 날카로움은 조금씩 무뎌지고

그 위로 맺히는 수정 방울은 초롱초롱 빛나다가
아래로 똑똑 떨어진다
예쁘다
나를 유혹하기에 충분하다

고드름을 따서 큰 잔에 넣고 위스키를 부어 한 잔 마셔본다

톡 쏜다
불같이 화끈 달아오른다
고드름의 열반
고드름의 승천
아니
내 목구멍은 고드름에 찔린 듯 찬바람이 도는데
얼굴과 심장이 대신 승천한다

–「고드름」 전문

「고드름」은 총천연색의 유혹이 낭자하게 펼쳐진 도심에서 벗어나 아득하고 쓸쓸하고 허접한 시대의 한편에서 구겨진 삶을 살지 않는 법을 알려주고 있다. 때로 거꾸로 자라는 고드름처럼 신성성을 획득하는 일이 격정의 가지를 자르고 흰 뼈만 남기기 위해 육신에 단단히 포박된 죄들을 녹이는 힘든 과정일 수 있다. 신성한 자는 '눈 내린 깊은 산 속 / 지극한 추위를 견디며 / 밤새 돌언덕을 타고 조금씩 내뱉는 고통의 흔적'을 몸과 마음에 새긴 사람이다. 그는 '흔한 곁가지 하나 내지 않고 / 한 올 한 올 일렬로 내리꽂'으면서 '끝은 살아 있는 비수처럼 날카롭'고 '자신을 다독이는 단단한 고집들'을 가지고 자기의 길을 간다. 드디어 신성성을 획득하면, 그는 '열반'이나 '승천'의 밝은 이미지를 담은 삶을 살면서 타인에게도 좋은 영향을 준다.

「망림목」에서 시인 강정실은 '대형화재로 불타 침묵하고 / 불 꺼진 자리 / 독야청청 높은 절개는 / 시커멓게 그을린 / 허울뿐인 몸뚱어리만 서 있는' 상태에서조차 희망을 놓지 않는다. 시적 화자가 '망림목(亡林木)'에게 '맥주를 따라' 뿌려주고 '비워진 자리에 봄이 오면 / 구름, 비, 바람, 햇볕이 / 연초록 무늬를 만들고는 / 독사꽃부터 피울 거야'라며 위로하는 장면에서 구원의 삶을 희구하는 시인의 간구를 느낄 수 있다.

장모님의 옆자리엔
큰 글자로 인쇄된 굵은 성경과 돋보기안경이 항상 놓여 있었다
주일날
교회 목사님의 설교를 들으며
조는 사이 성령님이 다녀가지 않게 해달라고
마음속으로 기도했었다

그랬던 장모님이
육십 넘어 예수님을 만나 성경 100번 넘게 완독했고
성경을 볼 때와 설교 시간에는 잠이 오지 않게 해달라던
기도를 잊고
깜빡 잠이 든 사이 하나님이 직접 데려가셨다

– 「기도」 전문

강정실 시인의 장모님은 2023년 3월 말에 만 95세로 소천(召天)하셨다. 장모님은 '육십 넘어 예수님을 만나 성경 100번 넘게 완독했고 / 성경을 볼 때와 설교 시간에는 잠이 오지 않게 해달라던 / 기도를 잊고 / 깜빡 잠이 든 사이 하나님이 직접 데려가셨'을 만큼 신실한 신자였다. 하나님께서 얼마나 그녀를 기쁘게 맞이하고 싶으셨으면 '기도'마저 잊으시고 직접 데려가셨겠는가! 시인의 영혼과 '성경'을 '100번 넘게 완독'하고, 하나님의 말씀을 읽거나 듣는 시간에 졸고 싶지 않은 그녀의 영혼이 하나로 닿아 있음을 알 수 있다. 이러한 시 구절을 살펴보면 시인이 거룩한 삶을 지향하고 있음을 알게 된다.

「유골단지」에서 화자는 '예측 못 하는 죽음이 갑자기 찾아올 수 있을 터 한국에 있는 딸 가족과 타 주에 있는 아들 가족에게 부음을 전하고 급하게 찾아오고 정리하는 시간을 고려해 생명보험회사에서, 나의 시신을 화장해 재를 유골단지에 담아 아들딸에게 넘겨주는 절차까지의 장례보험금을 완납해 놓았다'. 그는 재가 '강가에 뿌려지면 바다 깊은 곳을 유영하다 하늘 높은 곳에 수증기가 되어 올라 영혼은 바람 부는 곳에 자유롭게 날아다닐 것이고, 수목장림에 묻히면 사철 내내 따뜻한 나의 영혼이 깃든 나무 거름이 되어 벌 나비 춤추는 볕 밝고' '물 잘 먹는 영혼의 터가 되어' 주겠다고 한다.

시적 화자의 목소리는 시인의 마음이 내는 소리이다. 사람이 재로 변하면 불순물은 사라지고 소금을 닮은 순결한 결정체만 남는다. 그의 진실을 향한 소망만이 하얗게 남아 바라보는 사람들의 시선 아래 있게 된다. 휘발할 수 없는 진정성만 모은 '유골단지'를 통해 시인의 시 세계가 현실에만 국한된 것이 아니라 신성하고 거룩한 세계까지 열려있음을 알 수 있다.

「산국화」의 '야들아 / 내 서재에 묻힌 철자들을 끄집어내어 / 오감에다 옮겨 놓으면 / 명주바람에 흐트러진 노란 매무새가 / 붉게 익겠다야', 「무지개」의 '설빔을 입었던 오방색 꼬까옷 같은 / 즉석 사진을 그리운 이에게 / 카톡으로 보내야겠습니다', 「귀향」의 '내 영혼은 뭇별이 되어 / 한 아름 쏟아져 내린다', 「하늘」의 '하늘은 아무 소리 없이 동행하다가 돌아간다', 「해상마을 사람들」의 '욕심 없는 단순한 삶의 인생들은 / 낮은 은빛 물비늘 세계 / 밤은 반짝이는 별세계', 「안스리움」의 '언덕 위 세워져 있는 아파트 엘리베이터가 없는 꼭대기 층, 나의 방 베란다 화분 속에서 안스리움은 일 년 내내 목대를 높여 빨간 꽃을 피운다' 등에서 강정실 시인의 높은 세계로의 탐구를 엿볼 수 있다. 이는 그의 문학적 지평이 현실부터 이상까지 펼쳐져 있음을 알게 하는 동시에 창조적 고뇌의 흔적이 넓음을 알 수 있게 한다.

강정실 시인은 시를 창작하면서 신성성에 손가락이 닿는 기쁨을 맛보았을 것이고, 구원의 삶에 발바닥을 놓으면서 걸어가는 즐거움을 누렸을 것이다. 제3시집에 실린 시들이 아름다운 정갈함을 품은 흰 결정체로 세상에 나가 빛이 되기를 고대한다. 또한, 시인의 많은 창작물이 사랑의 부패를 막을 소금 맛을 물고 소금 말로 흐르는 세상의 바른 지도가 되기를 바란다.

A Taste of Salt

Publishing My Third Poetry Book

Dressed comfortably, I head out.

Leaving behind the residential street, adorned with uniquely constructed houses and beautiful gardens, I cross the Shin-jang Road and follow the winding path up the mountainside, making my way to the observatory. The elevation is surprisingly low, almost like a small hill in the back of a neighborhood. Walking up the gentle slope, I finally arrive at the observatory. As always, many visitors have gathered around here already. After some hesitation, I decide to go further up, seeking a better view of the iconic Hollywood sign.

Sitting on the stone-made observatory, I gaze in all directions, enjoying the gentle breeze, then I glimpse at the Pacific Ocean. The vast expanse of the open sea, without uttering a single word, relieves the fatigue in my eyes and warms my heart. At least in this moment, I feel free and serene. The wide ocean, hanging on a thread of the world, allows me to momentarily shed the weight of the complexity of life. However, a few nights ago, an unpleasant dream visited me. In this dream:

I am walking for a while along an unknown street, while being followed by unfamiliar men. Seeking refuge, I enter a house and come to face-to-face my parents sitting on the wooden floor, and I bow to them.

Awakening from the dream, I couldn't help but wonder the timing of the arrival, considering it has been a while since the passing of my parents. Upon hearing my younger brother's sudden and serious illness, who was perfectly healthy just last December, perhaps I felt a tightness in my chest, rendering me motionless in my sleep.

It seems like yesterday that I turned 60, and now I have already entered my 70s. Over the past decade or so, one by one, the elders of our house have departed this world, and now it seems our turn is approaching. As I grow older and look towards the path to the final chapter of my life, I sense the destination drawing closer. Life is fleeting, and thus each day becomes more precious. Yet, time passes by with alarming speed, barely allowing me to catch my breath and to prepare for the winding path ahead. Zhuangzi once said that life is like a picnic. He advised to rest like in a picnic, rest in between, rest when leaving, and rest whenever there is an opportunity. He emphasized the importance of a peaceful and content mind and body, recognizing that life is not meant to be about striving for success and work should be secondary and instrumental. Perhaps it is easier said than done. How can one live life as if in a picnic without worrying about the uncertainties of tomorrow? Amidst the hardships of life, how can one know the true meaning of life, of pursuing vivid victories, without enduring the pains of helplessness, blooming salt flowers between strands of our hair?

I gaze up at the sky.

Unlike the typical sunny weather here in June, despite having crossed the threshold of summer, the gloomy grey sky, also known as the "June gloom," is frequently plaguing the city.

In the morning, the weather would start out fine, but as the afternoon approaches, a drizzle would begin to fall. It feels as if the rain is beckoning me, inviting me to immerse myself in its soothing embrace.

Suddenly, fear and impatience dissolve, and I regain my composure. Now it's my turn to enter, confidently stepping into the long line. I become one with the drizzle, as I make my way back home.

Mid–June, 2023

Gilbert B. Khang

From my studio.

contents

Part 3 Fireworks

Part 4 Flea Market

Part 5 At the Spring

Part 6 Funeral Portrait

Part 7 Forgetfulness

Part 1

An Eerie Dream

The Aesthetics of Slowness

The river wanders,
Today and forever,
Curving and winding around the mountain.
In rushes,
A golden–brown current,
All the while,
Carrying within its flow, a swift melodic torrent.

Anxiety rises,
To leave cherished things behind,
Running through the night, restless in my mind.

Swiftly,
To rapidly deal with
The stained, glass window of a dye factory
That has accumulated inside me,
My life entangled, with stories complex,
Stacked like in a woven basket of gool–bi*
Still asserting that ennui contained in slowness is cowardly,
As I turned my back away.

— You know, there exists

— In Chang—minyo**, a slow, tong—secng*** sound by repeating a chorus,

— A steady, visual rhythm flowing calmly, without haste.

In the aesthetics of slowness,

The leisure of creation and extinction,

The beauty of empty spaces left unoccupied,

And the matchstick igniting a hidden, uncared—for life,

Slowly,

Slowly,

Every so slowly.

Mar. 16, 2023. From a river bank in Californi

* Dried yellow fish

** Korean Traditional folk songs

*** In singing techniques of Minyo, various forms of voices that are originated directly from the abdomen, projected upward.

Night Streets

As we visit various universities near Los Angeles with my son's family from Atlanta, my seventeen-year-old grandson speaks passionately in English about the schools. Even when sitting across from each other at a restaurant, his eyes often wander outside the window.

The waves of students,
Vibrant shows unfolding in their midst,
Water flowers soar high in the sky, dancing freely,
The bright expressions of young men and women fill the streets of the university district.

As my seventeen-year-old self enters adolescence, the sun did not always rise in his mornings. Reality felt inadequate, and he yearned to feel the sea breeze on occasions, walk mountain paths, and live in a tent on a distant island··· The path to school and back that seemed daunting, the elusive ideal was a slender crescent moon, standing alone on a tree branch. A few years ago, that secluded island he longed to visit during his adolescence, now he sees it up close. He crossed the Guh-ga Bridge* and says, "Hey, it's nice to see you," he said. As he reached the beach in I–song island, he sat on a large rock and reflected, "Even so, I have been good. I'm now growing old without any major mishaps."

Tourists wearing hijabs gather in the restaurant. Amidst the gentle caress of the warm breeze, the five angelfish in a large aquarium dream of venturing out to the moonlit streets, where the green lights cast a warm glow upon the outdoor stage.

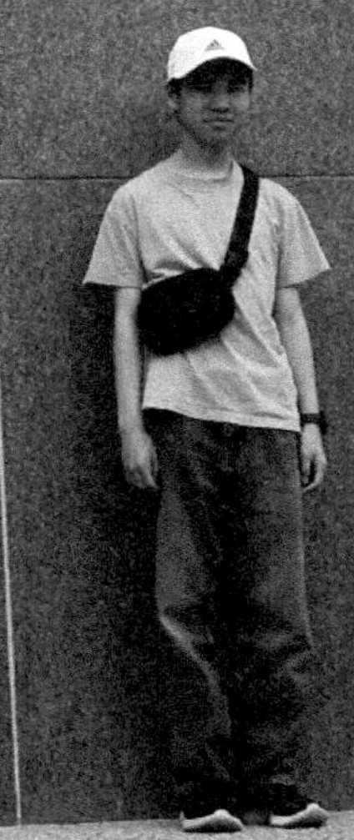

* The bridge from Busan to Jangmok, Guh–je City

The Bicycle-Only Road

–At Santa Monica Beach

As the sun sets over the Pacific Ocean, the bicycle path, stretching long between the sand dunes, becomes harder to ride on, amidst the shifting sand, carrying along the sea wind.

An urgent phone call breaks the tranquility, announcing the imminent close for the day.

As the Santa Monica Beach bike rental station insisting they need to close, I struggle to navigate the path, now covered in sand, and the tires sinking with each pedal forward, Guilt and self–blaming weight heavy, As I ride along the beachside road, past the Venice Beach houses and under soft glow of streetlights, with sweat trickling down my back, disheartened, I surrender the bicycle.

Longing to witness to see the sunset–colored sun suspended in the air,
And to listen to the rhythmic sounds of the crashing waves,
I bow towards the night sea, Seeking solace for my discomfort, before finally turning around.

Early in the Morning

Into the depth of the valley,
Where the winding stream cascades,
I cast my fishing rod.

The current is swift.

The fishing rod, worn out from battling goblins all night,
transforming into a humble broom handle,
Quivers vigorously as the morning arrives.

I glimpse a slippery head trying to untangle itself out of the hook,
A rainbow trout, resting at the water's edge, flaps rhythmically, up and down.
In its two eyes, the tears of desolation reflect the sunlight,
As the spirit of the valley intertwines.

I wander around, accompanied by the watchful gaze of dewy eyes.

A deer basks in the sunlight trapped among the evergreen leaves.

In solitude,
I immerse myself in the sound of flowing water that paints every corner of the empty sky,
As the ladder unfurls within me.
What is the meaning,
Of living?

Pills

Every morning, as if a post breakfast ritual,
Held in the palm of my hand,
On top of the prescribed pill, as large as my thumb,
I gather over a dozen pills, one by one,
Allergy relief medication,
Omega−3 supplements,
Digestive enzymes,
Like mixing rice with water, without the accompanying side dishes,
I swallow them down, year after year.
Though remnants of pain linger in a few spots,
Unable to sever,
Though covered unwaveringly,
But to halt their spreading any further,
Once again, this morning,
I gather my pills,
As if seeking forgiveness,
Licking at the wounds of my pain.

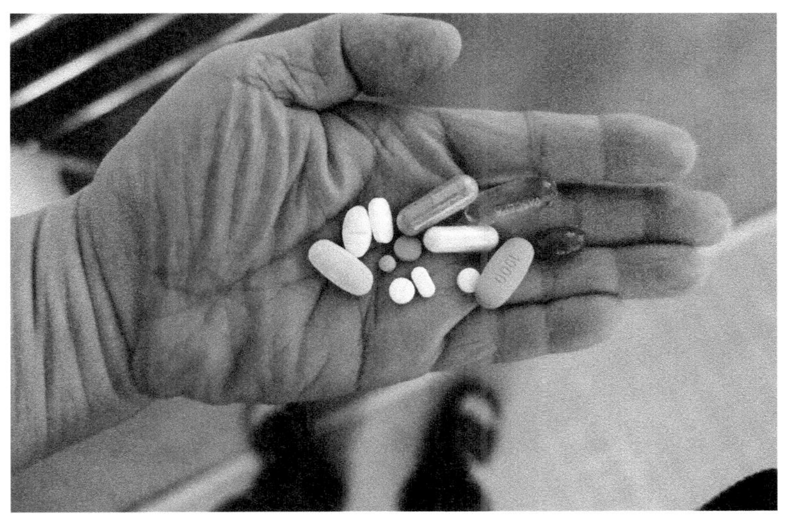

Empty Pockets

In this winter, unlike winters past,
That typically ventured on the outskirts,
Light rain drizzles many a day.
On this frozen balcony,
Tiny yellow leaves
Seek refuge as they flutter gently, and the rainstorm,
Quivers and trembles the frail chrysanthemum leaves.

Becoming one with the wind,
Rotating on its own,
My life spins like a windmill,

Oh, my dear, hanging in the closet,
On a rainy, windy day like today,
I delve into the memories,
Nestled in the pockets
Of the auburn–color trench coat
The sole remaining garment from my days in Essen
When I was young, a long ago.

Elusive memories, like smoldering embers, elude my grasp, oh, dear,

My school days, the youthful years,
A period of confusion, coldness, and bitterness,
All the photos and slide films from my time in Europe,
Even the passport from that time,
Discarded in the trash.
In the pocket,
The traces of the hand stains are loosely woven,
Now, all that remains are
Old, hazy, fleeting memories.
Failing to capture even a single faded painting.
My pitiful fingers tremble.

Unable to locate the original films of the lost photographs oh, dear,
Melancholy and anger
Towards forgetting even memories of us
In front of this pitiable heart,
The long years and cherished love
I yearn to discover within these empty pockets,
And let out a deep sigh.

For some time now, oh, dear,
Whenever I delve into deep thoughts,
My brain halves in size,
Restlessly rocking and swaying.
Feeling uneasy, even to rest my chin on my hand,
In that money, my body becomes trapped in the bed.
Unbeknownst to me, I drift into a shallow slumber,
Wandering along a staircase–shaped path in my dream
Growing feeble and small–minded,
My aging mind becomes the guise of a patient with delirium,
Only to cause sorrow, binding both ankles,
And imprisons me within the walls.

The Night Sky

During twilight, on the mountainside, lonely wildflowers unfurl in vibrant bloom.

In early spring, whenever I rub my cold palms together, the stars of the Milky Way adorns the sky with a watercolor painting.

The Sound of the Night

Beside the asphalt road, on a sidewalk table,
Amidst the clamor of the passing cars,
Daytime feasts, nighttime drinks,
People converse, immersed in the spirit of a spring night.

Beneath the towering ceiling of a restaurant,
Underneath the several large sports TV screens,
Wine glasses clink,
beer glasses clink.
The sounds of youthful banter clink as well.

As night grows,
Their lively conversations persist,
Yet the passerby on the sidewalk
Pay no attention to the restaurant.

Where did it come from?
An old, black cat,
Emerging between the restaurant and the tables on the sidewalk.

As the night deepens, as if inside a lantern,

Brightness ensues, illuminating both interior and exterior,
Sounds of cars and people,
These are the sounds
Of our lives at night,
The world in which ordinary people reside.

Enchantment

For countless years,
Unaware of the toil,
I have patiently waited, day by day,
But you,
Show no intention of returning.

In my youth, lost in pleasure's embrace,
Though you bestowed naught upon me,
Yet claiming to have given me everything,
Promising a lifetime entwined,
Telling me to wait right here,
You deceived me, didn't you?

You spoke of love as patience and waiting,
And, naively, I believed your words,
Ensnared in an enchanting spell,
My life, neglected,
Yet my eyes and ears,
Even amidst the bustling city crowds,
Longing and waiting permeate like fragrances,
Though I am aware of the deception.

–Picture: The tree at the Central Park entrance, New York (August 1, 2022)

Today, once again,
I am waiting for
Your radiant laughter
Holding it within my heart,
As if a talisman from a fortuneteller.

Reflecting on the Past

The scars of sorrow and struggles,
While embracing, yet trying to let go,
But abruptly,
To hear my own stories from others,
A tale I never wished to be told,
Was it an obsession or a secret well–hidden?

"It is just speculation and misunderstanding",
"That is not how it was said", I argue,
Unraveling the twisted and uncomfortable memories,
I replay that moment over and over, reflecting on it in solitude.

The incidents that buried me,
Long forgotten until now.

WSB
The Atlanta Journal
40

An Eerie Dream

I received a call from my younger brother,
He said my body was being cremated at a funeral home.
I am told that in just an hour, they would retrieve the remains,
And place the ashes in an urn,

How absurd… as I listen to this sudden and bizarre story.

The sound of my hair engulfed in flames,
The crackling of funeral clothes consumed by fire,
My face contorting,
Organs and flesh bursting,
The crackling sound of the fire,
Bones burning, reduced to ashes,
My body vanishing, slowly,
Reduced to gray powder by a grinder.

Lord,
Please forgive me.

The rolling deep blue sea,
The green breeze rustling,

The scattered remnants of my soul, mingled with bone dust.
The fish in the sea
Refusing to consume, spit itout.

“Are you alright, brother?”
“What do you think you are doing, you fool!”
Crying and screaming with all my might,
I fall off the bed.

It was only a dream.

Such an eerie, unsettling dream.

A castle in Salzburg, Austria (Augst 2rd, 2017)

Moonlight, The Los Angeles River

As the river reflects the sunset's glow,
The sky is painted with shades of dark pink.

Before long,
The moonlit mist spills over and
Gently caresses the Los Angeles River.
Though there is only one moon,
Its reflection dances upon countless rivers,
Yet those moons are all but emptiness and illusion.
Approaching to speak of life's whims,
It neither listens nor can be grasped,
For the river flows on.

Capturing the moonlight on a canvas,
Adding a touch of yellow hue
To the softly flowing water sound,
Amidst tangerine trees,
A foul odor vibrates,
Briefly, gazing into my eyes,
Whispers against my face,
"Life is disappointingly short,

Even to savor simple joys."
With a wave of the hand,
It signals to pause.

My youthful days, like fragile flowers,
Tremble and fall,
Life already treading the twilight path.
Do not rush,
Do not hasten,
Echoing in my mind repeatedly,
Yet amidst life's battlefield, in the fabric of life,
Deception and superficial provocations
Persist stubbonrly.

Clashing in like fins, alone or in groups,
The elongated shadows of the moon,
Reminding me of inevitable farewells,
Telling me not to dwell in regret,
Turn their backs, leaving a lingering sense of disdain.

Part 2

Cicada's Cry

Sa-Bal Gah (The Rice Bowl Song)

In the outskirts of my hometown village, when it comes to the traditional song called "Sa-Bal Gah"* from Gyeonggi Province, the nostalgic corners of the village come to life as soon as the song is played. The sound of scissors, resonating from the candy man, and his rhythmic snipping fills the air, and the sound of laundry being washed by the stream echoes.

In my youth, at the entrance of I-song Island, tents were set up, selling remedies like Dongdonggurumoo**, toad oil - claimed to cure skin diseases, and snake-infused alcohol.

"Ul-sigoo, Jul-sigoo," People gather and sing the song of Gak-Seol-I.
Middle-aged women dressed in beautiful embroidered hanboks,
Sings various folk songs to the tune of traditional instruments,
While dancers swayed cheerfully,
The memories of my hometown are intertwoven.

The master singer Kim, Young-im's rendition of Sa-Bal Gah goes:

"Coal, white coal[***]~ Nak–Dong River, Seven hundred Li, An owl sings. Eh–yo, Uh–huh~Ya, Uh–Yeo–Ra Nan–Da, Di–Yeo–Ra, Do ~ Not~ Waste Your Life." Unlike other folk songs, its distinctive melody and fast rhythm still resonate in my ears.

Among the lyrics,
"Twelve folds of a skirt, tightly woven with longing, when the crescent moon tilts, tears will flow in pairs."
The song evokes the prolonged longing and sorrow for love.

Like tasting fresh raw fish, the voice echoes, summoning the image of a dawn mountain ridge, becoming the morning star that reaches for the past.

* The Rice Bowl Song
** Skincare cream
*** Charcoal

Sunlight

The sky,
Emerging from the misty rain,
Unveils its unusual clarity.

The drenched trees, once dampened,
Bask in the sunlight's tender touch,
And the leaves gently polished,
With the touch of a gentle breeze.

On the barren ground resembling spilt bean porridge,
Sprouts emerge, like tiny, scattered pearls,
While the clouds, vanished,
Unseen in the sky,
The sunlight pours down,
Unrelentingly hot.

Aging leaves curl and wither,

Like the fragile skin of a cicada,
On the bridge of my dry nose,
Sweat trickles down, flowing like strands of noodles.

The First of Day of Snow

On the sixth day of day and night being reversed,
I wake up groggily, feeling hunger's pull,
And step outside the hotel,
Near Gyeongbok Palace,

On the streets, already visited by someone,
The first snow has piled, softly.
As snowflakes accumulated on the rooftops,
Carried by the chilly breeze's command,
Forming frozen ridges on the roof tiles,
And the water droplets sprouting their icy wings,
Transforming into icicles, one by one,
Winter ripens.

At the entrance of the food alley on Jahamoon–ro 1 road,
With its swaying yellow lanterns,
I push open the door and
Quickly enter a fish stew restaurant.
But I am told they open at 10 in the morning.
So,
I make my way to a bakery at the end of the alley,
Ordering bread and coffee.
I am told to, however, keep my mask on while ordering.

Near Gyeongin Road in Yeong–deung–po,
Around Suwon Station,
Along the streets of Insa–dong,
In the vicinity of the National Assembly's Small Hall,
I take the public subway system,
To meet people.

Wherever I go,
The city dressed in shades of gray,
Every street filled with billboards,
Every narrow alley marked with potholes,
With endless cars,
Overflowing the road.

December 03 2022

The sun has long set for the day,
Leaving behind the night in the frozen city,
A piercing cold wind cuts through my jacket,
The neon lights, sharp as knives,
Shrink the two shoulders of this old man,
Yet, the snowflakes
Continue to fall gently.

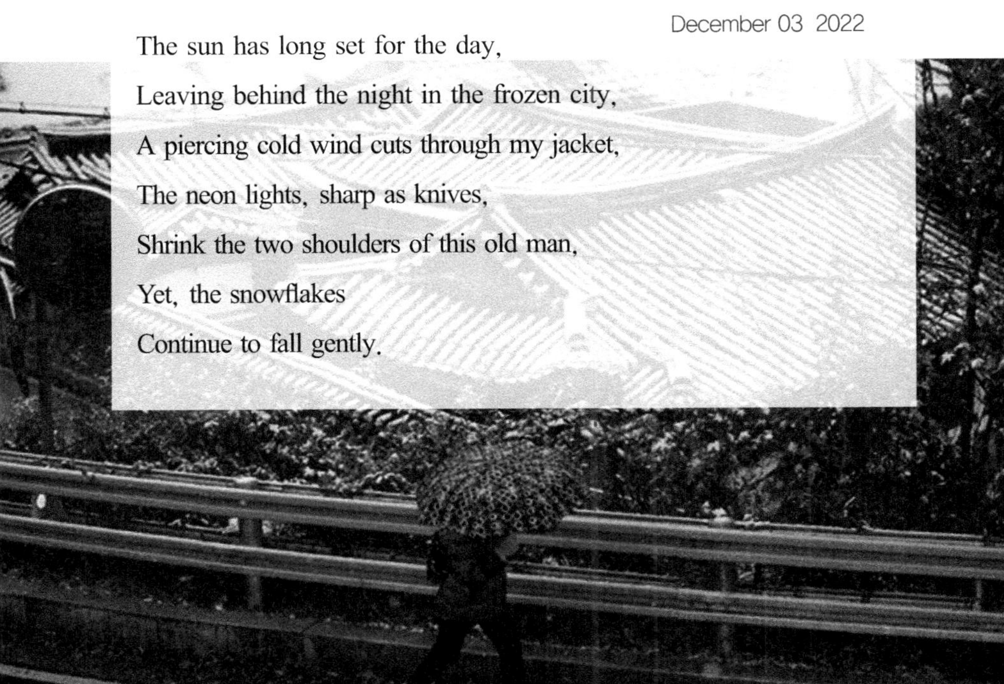

Listening to Raindrops

On a distant mountain,
Each bend basking in abundant sunlight,
I walk along a sparsely populated mountain trail,
Reveling in the warmth of spring sun.
But suddenly, unexpected rain clouds appear in the sky,
And rain begins to pour down loudly.

I take shelter underneath the thick leaves of an old tree.

Some raindrops bounce and splash,
Some cluster like roasted beans,
Some stand there, crying ceaselessly,
Some carrying fragments of stories on each branch.
Carelessly looking up the sky,
As if overflowing,

Rain,
Rain, rain,
Rain, rain, rain,
Rain, rain, rain, rain,
Rain, rain, rain, rain, rain.

Countless stories descend.

On my way back home from school
As I would walk all the way to Daeshin-dong bus terminal.
A sudden shower would drench me completely.
Crossing the Yeongdo Bridge,
Walking home without an umbrella,
My young heart,
Suddenly filled with uncontrollable nostalgia,
Remembering that, back then, it rained just like today.

The Road on a Rainy Day

In a tiny apartment on the hill of Silver Lake, an ordinary day unfolds. The scenic view of distant urban houses, nestled amidst forests, brings a sense of calmness. Under the radiant sun, I imagine myself sitting on a fluffy cloud in the blue sky, visiting a beloved person from afar or sitting by the window, gazaing at the stars in the night sky. On a rainy night like today, I hitch an imaginary ride with passing cars along the road, and escape to wherever my heart desires, listening to the sound of rain from my hometown.

During the refugee period post the Korean War in 1953, Busan, Korea was a desolate place. Then, refugees constructed stairs one by one on Mt. Mindung in Dong-gu, Busan, and makeshift shanties were built along the way to the top of the mountain. They even established a communal cemetery on the cliffs along Yeong Island's coastline, creating a temporary town for the displaced. Every day, people carried buckets of water on their heads and climbed the steep stairs to cook for their children. They scavenged cigarette butts from the streets to salvage the remnants, rolling them tightly with old newspapers for a quick puff. Despite their hardships, they held onto hope, longing for golden pumpkins to hang from the roofs of their shanties and stone walls. Then, when the Saemaeul Movement (New Community Movement) gained momentum, a wide road was built on the hills of the mountains, and various cars and trucks began to traverse it. The sea, visible from the Yeongdo Mountain Road, stretched out in a vast expanse of the blue horizon. At night, when viewed from the Dong-gu Mountain Road, the city lights of Busan Harbor shimmered brightly, as if various jewels were scattered, erasing the painful memories of poverty-ridden Dal neighborhood.

Castles in Europe are often built on mountaintops or along high rivers, usually as abodes of medieval lords or knights. To these days, affluent individuals seek to own mansions in secluded high places, far from bustling city centers. Just as God resides in the heavenly kingdom high in the sky, earthly powers strive to live in high and secure places. It's so ironic.

As the rain subsides, the light of the full moon emerges, where a rabbit pounds rice cakes between the clouds, blooming into a beautiful moon flower. Would sitting with legs crossed in this magnificent place on a high summit manifest prosperity, health, and the key to heaven suddenly through my prayers?

Rain

This morning,
I cast the remnants of early spring
Accumulated deep within me,
Onto a distant road.

As the day progresses,
The dusty sky
Will clear and open wide,
And the sunlight will cascade down,
Briskly and vibrantly.
My heart,
Ignoring the red traffic light,
Shifts gears
Racing towards the top of the Jungfra
And embraces the tight,
Chilly, thin wind,
Between the sky and the earth,

Outside the window,
Ripe coughs echo,
The chattering rain sifts through spring.
Gently, gently.

Charred Forest

Silence reigns supreme
Where flames once roared,
Once proud,
Stands a solitary, charred trunk,
Its surface blackened,
Reduced to mere remnants.

The whispers of the infernal messenger, dark droplets of dew.

I pour beer into a paper cup,
And offer it to the charred forest.
Burning questions fill my mind,
As I sprinkle another cup around,
"It must have been hot, unbearably hot.
Why could you not escape···?"

Suddenly, just suddenly,
The cold winter wind,
Creates empty spaces.
When spring arrives there,

Clouds, rain, wind, and sunlight,
Will paint a pattern of vibrant green,
And peach blossoms will bloom once more.

Snowflakes

In the stillness of the night, snowflakes blooming is a silent longing.

In the middle of the day, with no place to rest, I echo the nocturnal howl of a wolf.

Cicada's Cry

Cicada's Cry,
In the early dawn,
Not just one, but three or four,
Scratch their chests and cry out.

Awakening from a hazy slumber,
I stumble,
My way to the bathroom,
Then return to my bed.
But near my pillow,
A steady cry persists.
When did
A cicada find its way into my room?
It is winter now··· Could it be the aging of my hearing?

Browsing through YouTube channels on my phone,
Searching for Schubert's Symphony No. 8[*],
I doze off,
And like white noise, a sleep−inducing,
Sound of beetles must have played.

An empty room cries out.

The stars in the sky cry out.

Even the cicada within me cries out.

The crickets inside me are chirping too,

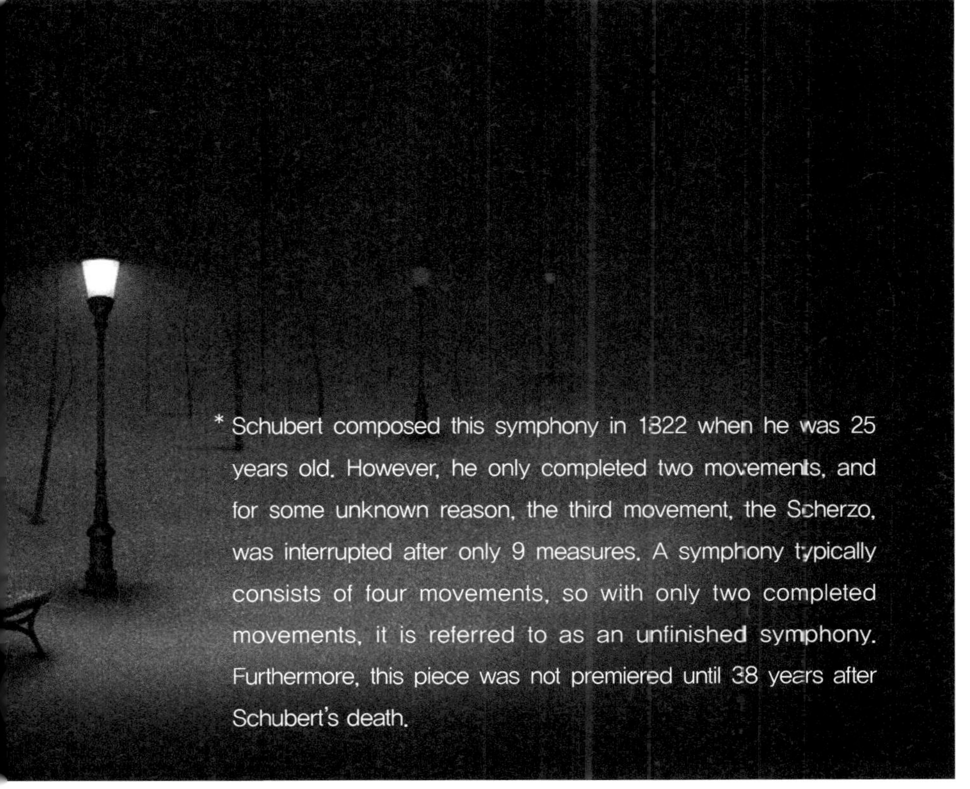

* Schubert composed this symphony in 1822 when he was 25 years old. However, he only completed two movements, and for some unknown reason, the third movement, the Scherzo, was interrupted after only 9 measures. A symphony typically consists of four movements, so with only two completed movements, it is referred to as an unfinished symphony. Furthermore, this piece was not premiered until 38 years after Schubert's death.

Icicle

In the deep, snow−covered mountains,
Amidst the biting cold,
The traces of pain, crystalized along the stone hill all night,
Bathed in moonlight, hanging upside down,
Transforming into various crystal stones,
Without branching out even once,
Pierce down in a neat row, one after another.

With a stubborn nature that hardens itself,
Like a trained soldier, brimming with determination,
Its edge grows sharper like a living dagger.

When the afternoon sunlight shines,
The sharpness of its edge slowly dulls,
And the sparking droplets, atop the shimmering surface,
Fall gently.
A sight of beauty.
Enough to tempt me.

I pick up an icicle and put it in a large glass.
I pour whiskey over it and take a sip.

It stings.
It ignites like a blazing fire.
The fervor of the icicle,
The ascendance of icicle.

Yet,
My throat feels a whirl of chilly wind, as if pricked by the icicle,
My face and heart ascend instead.

2023.2.3. Yosemite National Park

Cobweb

Day after day,
Waiting is the name of the game,
Created in such secrecy,
The raindrops, fleeting and light,
Are delicately captured in your spiderweb.

Atop this building,
With nothing to eat,
Why did you choose
To build your home here?

Night,
Silence,
The whisper of the wind,
Perhaps seeking the serene moonlight of this peaceful city?
Well,

Please come to your senses,
For living is not an easy task.
Perhaps risking it all to survive,
Here is a glass of red wine.

Feel free to bathe the body that warms the heart,
In the crimson sunlight.

Autumn Leaves

Standing at the mountain's summit in late fall,
Under the autumn sunshine,
The dry, gentle mountain breeze
Over the nearby mountain ridges bowing courteously,
The red sea waves gently ripple.

As the quiet evening descends,
The black shadows stemming from the ridge,
Leave long traces, making a long sound.

Listening with my ears is the sound of ripe persimmons,
Looking with my eyes,
The falling autumn leaves,
As if a yearly event,
Are preparing for a gentle parting.

Part 3

Fireworks

A Puppet Play

Together,
For half a century, we raised our children,
Sent them off to start their own lives,
Entangled in the long years,
Linked in the chain of our [illegible]
Sometimes,
When a dry whirlwind was on our way,
With thorny roses, we hurt each other,
And in the muddy vegetable garden, we bickered,
Like sparrows trapped
On tidal flats.
But still,
Under the bright sunlight,
Ross moss flowers bloomed, even in the shaded flower garden
With our laughter full of smiles,
On the foundation of our shared destiny as a couple,
Where we should walk together,
We overlay our home,
Supporting each other's well-being,
Like a bookmark nestled in a book,
A single verse of a poem of life,

Till we fully understand it together,
Until the day the curtain falls,
In this puppet play of our lives,
Until that day,
We shall become directors, harmoniously peeling away the layers of onions.

Food Bank

On a predetermined day
At a designated hour
People gather with their carts
Showing little sign of life,
To the cafeteria's table,
To receive food, free of charge.
To last another week,
With eyes unfocused,
Silent and somber,
Selecting only the necessary items
From fruits and bread,
Vegetables and meat,
Without being greedy,
They place the items in their carts and depart
On this hungry
Spring day.

A Day Like a Dog

In a medium–sized department store in downtown Silver Lake,
Whose customers are mostly white,
A little girl, accompanied by a young woman,
Pointing at the flowers displayed at the counter,

"This one is a white flower.
That one is a yellow flower," she says,

Then pointing towards me, an Asian man,
Giggles innocently and becomes chatty.

Startled by the reprimand of the accompanying adult.
The little girl's smile fades quickly,
And she moves on to another display.

Like ingrained racial biases,
Those stains,
Tainted with such dirty(?) preconceptions,
Are not easily erased,
They leave such deep imprints on our deep subconscious.

Along the promenade,

Sitting on a bench at the bus stop,

Watching a pet dog being walked by its owner,

Knowing that I could seen as a yellow dog,

Mother…

The Poppy Flower (1)

The entire mountain resembles a field of flowers.

As I lie down on the ground,
I gaze up at your silhouette from below.

In capturing these moments, my neck tightens and my belly button pulls.
Observing the flowers,
With my hands behind my head,
For some reason, they bloom wide open, only to argue and swiftly close their petals.

Lying down, I gaze at the sky.

Clouds seen through the blossoming flowers,
Carrying the memories of my youth,
Bring a sense of warmth and comfort.
Wishing to send a few words on a postcard to a beloved one,
But it feels too distant, beyond my reach.

For a moment, for a fleeting moment,
A deep sigh escapes from within me.
Should I walk and climb up,
And send a picture postcard from above?

Antelope Valley CA Poppy Reserve

The Poppy Flower (2)

Today,

The rain pours down, like yesterday,
Creating a bouncing, rhythmic melody on my umbrella,
Resonating in thousands of ears,
Playing in monochrome, yet devoid
Of any expression.

Unsolvable,
Like an unfathomable enigma of life,
When the sunlight peeks through the clouds,
In that precise moment,
Instinctively, I close my eyes.

The rain,
In a distant, parched land,
Will wash the mud off someone's boots,
And once again,
The rain
Will color the poppy flower's hair yellow.

Someone, hurry and beckon Spring.

For three or four days,
Dancing the piano keys,
Awakening the vibrant morning,
Transplanting
Fresh melodies,
Unaware of its magic unfolding,
Through the moist pores.

The Poppy is the state flower of California, blooming in March and April.

Rose

By the stairs of a building, a small fountain of pale green
A single black rose blossoms in solitude, as if grass sap seeping out,
Unfurling gently, as if a woman seducing a man,
On its moist face, a blush of elegance takes form.

The Passage of Years

In spring, amidst the fresh leaves, vibrant wildflowers bloom.
Though my body, fragile as dry leaves, ready to crumble at a touch,
Never to rejuvenate as those leaves each spring,
I tread along the path today,
Determined to revive like a phoenix, consuming not only the passage of days, but that of
The months, and even years.

By the stream,
A female frog and a male frog play entangled with each other.

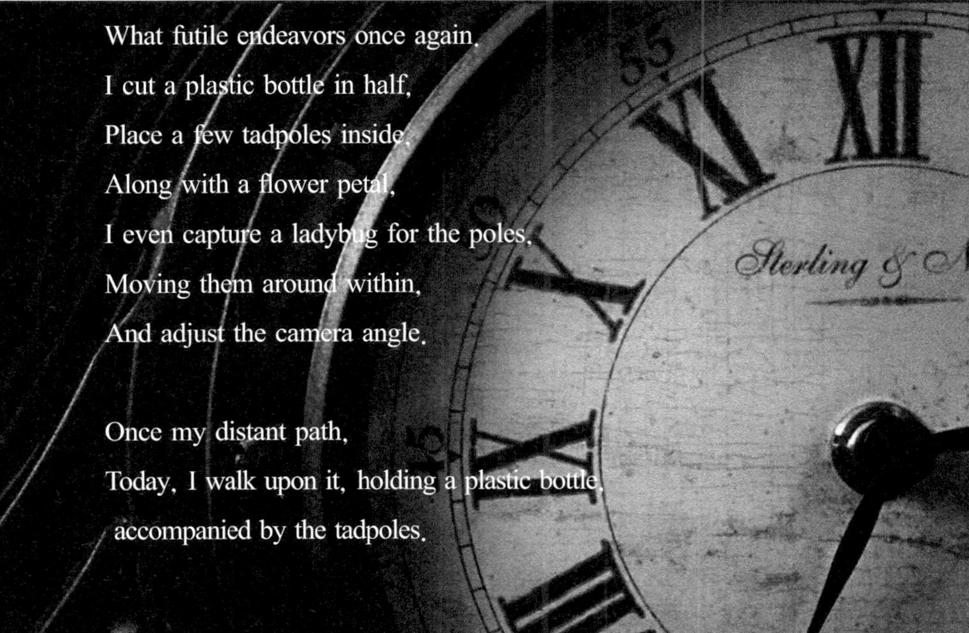

What futile endeavors once again.
I cut a plastic bottle in half,
Place a few tadpoles inside,
Along with a flower petal,
I even capture a ladybug for the poles,
Moving them around within,
And adjust the camera angle.

Once my distant path,
Today, I walk upon it, holding a plastic bottle,
accompanied by the tadpoles.

Anthurium

On top of a hill stands an apartment building with no elevators
At the highest floor, on my balcony, Anthurium* blooms red flowers all year round.
Its name, neither flashy nor tiresome,
Brings to mind the Korean word "Ahnsererwoom** (pity)", living with me high in the air.
Amazonian indigenous people build their homes on tall trees,
Deep in the jungle, seeking refuge from enemies and wild animals,
In the ceiling of my room, a King spider weaves its web in the air,
As I struggle my way up to the top floor,
My thoughts are entangled in the spider's web,
Eating, sleeping, and dreaming in the air,
Feeling as pitiful as Anthurium.

* Anthurium is a tropical plant from South America.

** "Ahnsererwoom" an inflected form the word "Anserupda" in Korean.

Wild Mountain Chrysanthemum

Hey, everyone!
The mountain chrysanthemum that bloomed and fell last autumn,
I kept it in the same pot,
After a few days of rain,
Three buds of bright yellow flowers blossomed wide open.

Hey, everyone!
When fifteen more flowers bloom,
Orange butterflies flutter their wings,
If you apply sugar water to the petals,
Hummingbirds will come flying in,
Flapping their wings, and donning their iridescent coats.

Hey, everyone!
With lush green smiles,
And the floating blue sky,
Fireworks burst at the edges of the flowers,
Yellow sparkles fly here and there.

Hey, everyone!
When I dig up words buried in my study,

And transfer them to my five senses,
The yellow canaries, scattered by the autumn wind,
Will turn a deep shade of red.

Camellia Flower

The falling blossoms carry a bitter taste.

Their red faces reflect on the hastily accumulating snow.

As I gaze at the ceaselessly drifting
Snowflakes
The outside world grows distant.

When the blue sky sheds its white winter,
Camellia leaves pile up with a coughing sound,
In its goose jacket, following the wind's direction,
As if longing,
Leaning towards the warm depths of a heart, filled with crimson love.

One flower,
Another flower,
Yet another flower.

Leaving behind delicate memories, sacrificing their falling bodies,
The waves of farewell are tinged with red.

Chrysanthemum Flower

Amidst the full bloom of the goldenrod plants,
Chrysanthemum flowers of various colors,
Neatly arranged in pots of different sizes,
Display their faces in harmony,
At the market nearby.

(Without the pain and anticipation of transmigration)

As frost descends,
And weary crickets, worn out from loneliness,
Cry throughout the night,
Everyone becomes a poet,
The dried cluster of chrysanthemums,
Epitomizing longing,
Plucked from the bookmark,
Indeed,
Begins to write poignant words…

Life, feeling powerless in it,
Seemingly that way always,
Unable to sleep,

Dragging the past, present, and future

Throughout the night,

Chrysanthemum flowers,

Moonlit night,

Alcohol,

Friends,

I savor a few poems

By the poet, Wolsan-daegoon,

From Heung-Ta-Ryong*

Already,

Dawn is approaching from afar.

* Korean Nam-do folk song

Fireworks

Among the boats floating in the harbor,
As the sun sets,
Spectators, gathered here for the fireworks,
Busy searching for the best spots.

The fireworks
Explode with a booming sound,
Rising into the sky as if a tightrope walker,
Display vibrant, colorful flowers, as large as the full moon,
Bursting and blooming.
Without ever leaving the ground,
Carefully nurtured flower seeds,
Taking root in the beautiful night sky,
And displaying a dazzling, yet short–lived, acrobatic circus show,
Finally fold their wings,
Leaving behind a poignant longing.

Like our lives, embarking on a journey with backpacks.

July 4, 2023, Independence Day (San Diego)

Part 4

Flea Market

The Road to Yosemite

On a cold dawn, I pass by a gorge that leads to the Yosemite National Park. The winding mountain road, treated with sand salt, is lined with the piled-up snow resembling sturdy fortress walls. Perhaps due to the frigid weather, the car we are driving keeps stalling. For both the driver and the passenger, we find ourselves in a spot where we can't turn back, trapped in an inconvenient place. Masking our anxiety, we hide our uneasy expressions and offer each other encouragement.

My stomach continues to churn. I am experiencing motion sickness, which is rare for me. I urgently ask the driver to pull over. As soon as the door opens, all the worries I have pressed down erupts in vomit onto the innocent snow. Chunks of meat from lunch spill out, followed by a bowl of putrid liquid. I tremble and shiver uncontrollably.

Such drama to tread upon my personal "Dosol Palace" surrounded by granite. It feels as if the palace demands that I shed all the sins I've committed in this world before visiting. It is a challenging journey. After passing through a long tunnel, we finally arrive at our reserved campsite, number 25. We pitch our tent, and the person who have been sitting in the passenger seat goes to sleep in the car, while the driver lies down inside the tent.

February 1, 2023. Half Dome in Yosemite National Park

Heading to Work at Sundown

Inside the hotel casino, everything is spacious and affordable. It's a truly peculiar world that unfolds before our eyes once we step inside. People from all walks of life gather here. As one enters the well-decorated casino, the smell of cigarettes pricks our nose.

Those who choose to play specific games like dice, cards, or slot machines can enjoy complementary coffee, liquor, various juices, all on the house. People silently, yet intensely gaze at the spinning slot machines as if their lives depend on the outcome. They display their emotions like movie stars. Fully immersed in their own world, some chain smoke their cigarettes, while often making up excuses to their spouses, such as attending a funeral, going on a business trip to another state, or meeting a business partner, but they all rush to the same destination to secretly indulge in their desires. Retired seniors, receiving pensions, often ride free tour buses at designated restaurants. Enticed by the offer of free chips, worth around $30 per person, they spend their nights gambling away in the casino. Occasionally, a Korean-style high stakes gambling among housewives occurs here, where tens of millions of won are at stake at every "Go" or "Stop". They endure and engage in these free-for-all battles, shuttling between heaven and hell, engrossed in the game day and night for several days. How their knees withstand such rigour is anyone's guess. More importantly, how does their households remain intact amidst the chaos?

While drinking alcohol, immersing themselves in the games of "Go-Stop" and the excitement of the casino, they sacrifice their health, and what remains is often a sense of emptiness. Yet, as the sun sets, they meticulously style their hair with pomade, shine their shoes until they gleam, dress in suits, and come up with new excuses to their spouse about going to "work," believing their rituals would bring them good fortune.

Halloween in the Alley

As twillight descends,
In the streets of the city, free from masks from the Corona virus,
A gathering of passionate young souls,
In Itaewon, the entertainment district in Seoul,
They flock, one after another,
To immerse in the Halloween festival.

As the night deepens,
With such fervor that defies reason
The young people, like blossoming flowers,

Paint their faces with carefree art,
Gather in vibrant excitement,
And before anyone realizes,
Like a sprout bundle, the streets become a tapestry of bodies.

In a narrow, sloping alley,
Squeezed tightly,
Swayed up and down,
At 10:15 PM,
As the crowd cascades down like a landslide,

In an instant, bodies start to fall in succession, layer upon layer,
Crying out for help,
"HELP!!" Echoes of shouting, panic, and screams of pain,
Foaming mouths and suffocating moments,
The last Saturday night of October
Unleashes an inferno of anguish.

Halloween, as an ancient Celtic celebration,
Honoring the dead and warding off demons,
Yet in this distant and unrelated land,
A tragedy unfolds with cruel such irony.

The blare of red sirens falters.

Amidst the aftermath, a single chrysanthemum is offered,
With intermittent cries of mourning,
Silent sorrow permeates the place,
Dreams and emotional release of exuberant young souls,
In an unassuming alley,
Turns into souls in black ribbons, departing with celestial tickets,
Waving cheerful farewells,

Transforming into night butterflies, soaring to the sky.
In this hollow void,
Pain and sorrow will etch, for many years,
As deep scars of remembrance.

Dawn, where longing and sorrow accumulating as drops in the chilled breeze.

Nevertheless,
Though one generation leaves, and another arrives,
This place, timeless and steadfast, will endure the test of time,
The sun will rise and set,
Retreating to the western horizon,
Only to rise again.

October, 2022. Final death count: 158. Injured: 196 (Source: TV Chosun)

What Should I Do?

November 28th, 5:30 PM

I board the subway from Incheon International Airport to Gimpo International Airport. Unlike California, the sky is painted in a different shade of gray. Arriving on Jeju Island past 11 PM, I am greeted by a winter downpour. I check into a hotel. Throughout the night, the heavy rain pounds against the window, casting a flickering light through the gaps of the streetlamp, expressing wearily with its pursing lips.

The following morning, fighting the downpour, I make my way to the dental hospital where my daughter works. After examining my gums and teeth, she tells me that a crown is not immediately necessary, and asks why I did not send her the X-rays taken in the U.S. through KakaoTalk. My plan was to have a model of my tooth made while I visit Busan and Seoul in the meantime, and then return for the crown fitting. As I rest for a few days, my intention was to return to Gimpo Airport.

She tells me to make myself home, but my three grandchildren head off to school, my son–in–law leaves for work at the university hospital, and my daughter to her private clinic. So, I am left alone in a damp room, feeling unfamiliar with myself, accompanied only by a dog that regards me with questioning eyes. We would be surely to mumble to one another in this winter downpour.

Amid the relentless rain and biting wind, I find myself confronting the need to change the departure date on my flight ticket. I discover that the cancellation fee can only be paid with a credit card, with no option for cash payment.

What course of action should I take?

A deep thirst wells up inside, as if I am lost in a field of thorns.

—November 29th, 2022 Jeju Island

The Woman in handcuffs

In the midst of her anguish, screaming and resisting,
Her arms bound in cuffs behind her back,
She was escorted by six young men,
To the confines of the psychiatric ward.

When her husband came to the United States as a peace volunteer,
She was a high school teacher in Seoul, teaching the language of German.
What was her major? She studied German literature,
From a very good university.
For some reason, when her husband decided to pursue theology,
He resigned from his position, took their two sons with him,
And emigrated to the United States.

Years since then, her husband served as a minister and passed away losing the battle to stomach cancer,
Their two sons, after graduating from college,
One works at the University of California, Irvine Medical Center,
And the other is a lawyer in Chicago.

Both sons are now married,
While she, with limping legs burdened by rheumatoid arthritis,
Has yet to erase the weight her solitude.

Assisting foreigners with English documents or keeping company,
Running their errands,
Singing hymns and offering prayers.

But now, what has befallen her?
Depression, dementia?
Memories slipping through her fingers,
She sits in a solitary room,
Alone,
Writing poignant poems.

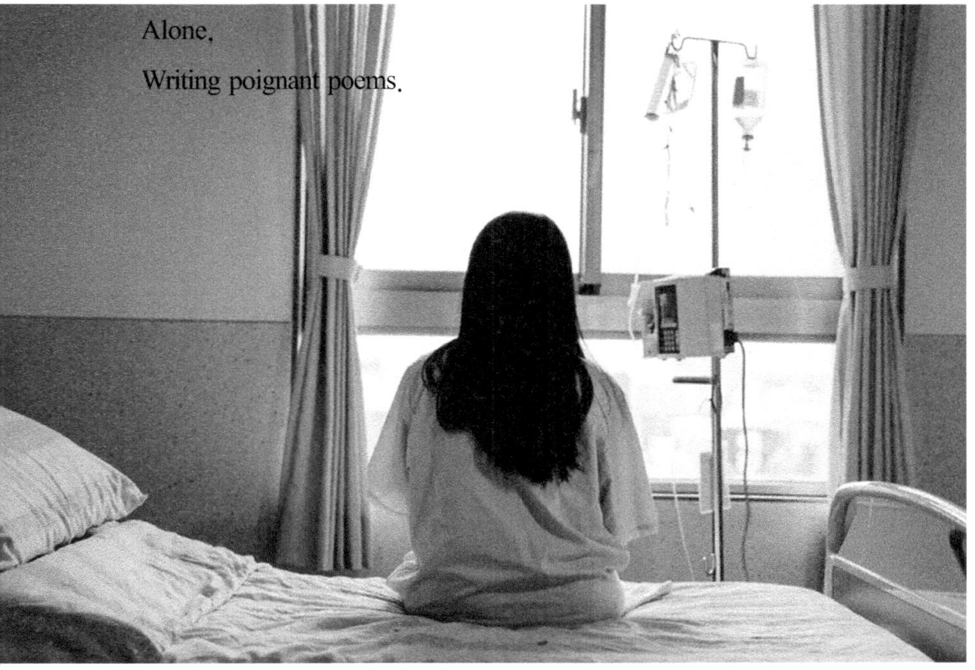

Dumbfounded

When I feel perplexed and dumbfounded, I seek solace in the embrace of the nearby beach as if a crow munches on a watermelon. While the waves crash and recede repeatedly, leaving behind a foamy tail on the sandy shore, I am standing in front of the beach, yearning for solitude, I lean against the sand dunes, as the seagulls soar through the sky, and dark blue waters sway gently. I sit here, seeking refuge from lethargic feelings, and the tangled imprints left at the crossroads of life. Could it be a compulsion, or is it a solitude syndrome? In the desolate place, bruised by wrath, yet wishing to remain untouched, I have lived in solitude, keeping it all inside me. But alas, another careless pain from the past erupts abruptly, tormenting my consciousness as I ponder in isolation. I shall embrace it, calmly accepting my given destiny, and turn away, close my eyes, and cast it all away into the depths of the sea.

Flea Market

Every Saturday, for one day only,
People gather in a high school parking lot, brimming with old treasures.
At this place,
Our past memories, frozen in stillness,
Occasionally awaken to delight us.

One stall showcases vinyl records and a portable turntable.

Browsing through a few weathered LP covers,
Connie Francis's face similes at me,
And my favorite song, "April Love," awaits to be played.
Another LP holds the original version of "Wedding Cake".
With the owner's permission,
I carefully retrieve the worn-out LP from its fragile case,
Placing in on the turntable, and slip on the headphones.

Layers of years peel away,
Delving deep into my soul.
As the song from when I was seventeen plays back,
A dance with faded memories, spins in analog.

The experience of carefully dusting off LPs with a cloth,
Feeling flabbergasted when the needle skipped, producing random sounds,
The camaraderie of transcribing English lyrics into Korean and singing along,
Slowly, like a mirage materializing,
The innocent fragrance of the fresh fruits, one by one, resurfaces to life.

Although I do not possess a turntable of my own,
For the sake of bygone times,
For the yearning suspended in stillness,
I cradle two precious LPs in my hands,
And bid farewell to the flea market.

Water Scales

Across the lake,
The sun bids farewell to the western buildings.

Sitting on a bench in Echo Park*,
Fitting the bait on my fishing rod, licking my lips in vain,

A question lingers.
Am I not trying to catch time,
Or seeking sashimi to savor with red pepper paste and soju?

Oh, the quandary,
Must I wait for you throughout the night?

I should be casting my fishing rod and reeling in
A fish with a splash,
I should be cleansing its shadowed face with soap,
And dry the bright face.

What is this place?
Thorns emerge, piercing the ground,

The flesh of the fountain, spurting vigorously,
And the water scales of the fading lake all but descend into darkness.

* An artificial lake in northeast LA

Rainbow (1)

In the soft drizzle, under the radiant sun,
Like the sound of roasting beans finally hushing,
The seven hues glistening the head of a newlywed woman,
With delicate strokes, a fine-toothed comb glides through,
Secured by a crescent moon-shaped, flower hairpin,
As if a sudden revelation,
As if a sacred fortress,
In an instant,
It vanishes into a magical castle.

Rainbow (2)

In the blooming rainbow,
Where seven, dancing fairies descend,
As waterfalls dance from above,
Even for an old age,
It soothes the heart.
Forgetting entangled worldly affairs,
Reveling in childlike joy, as if playing with bubbles,
Like the vibrant rainbow–colored attire, worn during the New Year,
I must capture this moment and share it with dear ones,
Thorough a KakaoTalk mesage.

– Feb. 2, 2023, Yosemite Falls

Rodeo Game

On the back of the charging bull,
Struggling to stay on longer,
I balance my weight on hands, feet, and waist.

But before long, I am thrown off,

I insert a coin,
And give it another go
Imitating the movements of a bull fighter.

Although it's just a model, not a real bull's back,
Yet in that moment,
I recall and relive my bygone youth.

A Dry Day

A dry and parched day dawns. Gradually, the ticks stir to life.

Dog owners walk their dogs. After the dogs have relieved themselves, the owners pull out a green plastic sheet, scoop the waste using the poop bag, and reverse the plastic to tie it up and move on. Dogs mark their territories at every spot, as if there were faucets at those places. Unnoticed to human eyes, ticks swarm around those areas, feasting on the exposed skin of unsuspecting hikers passing by.

Before the sun casts its rays, I often come across dog owners accompanied by their pets on paths shaded by trees. Naturally, I veer clear away that path, muttering to myself, "Those darn dogs." What used to be a public pathway now feels reserved for dog owners, while pedestrians have been shunned away.

To avoid their bites,
One must walk quickly,
Turning into a form of exercise.
Even with caution, I still get bitten.
Despite being guarded with my thick socks.

Upon returning home, I extract the blood from the swollen bites, applying tea tree oil* to the wounds. The itchiness from the bitten areas can linger for several days, disturbing my sleep during those days. Frustration builds up, leading to another round of blood extraction. Even in slumber, I remain alert, as if ticks were carving through a bull's hide, robbing me of deep sleep.

Tomorrow,
Under the pretense of being a pet dog, as if a duty for being born as a dog, I will be expected to handle food, excrement, and go for walks with a leash around my neck, like a captive beast.

* Tea tree oil is a liquid frequently used for its analgesic effect when bitten by ticks or other similar insects.

Part 5

At the Spring

Soap
- A side effect of a prolonging pandemic

At the entrance of public places and restrooms,
Useful hand sanitizer dispensers stand ready to serve.
Every time I wish to wash my hands, covered in dirt and dust,
I yearn for the soap,
With its galaxy-shaped bubbles cascading down.
But swiftly,
As if making a wish at Seo-Nang-Dang,
I vigorously rub
My palms together
Till they are dry.

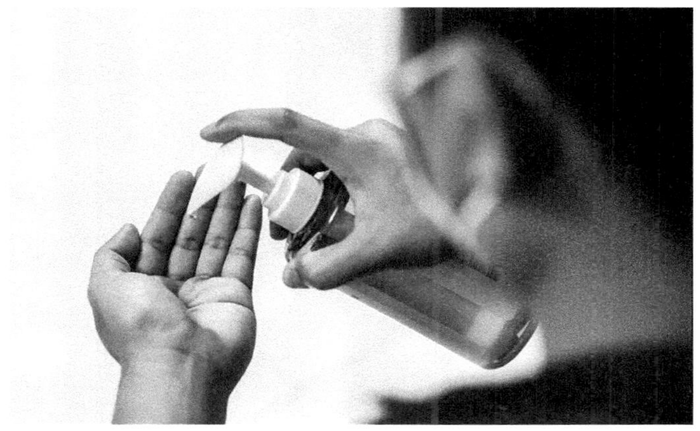

Coming Home

In the stillness of the night,
I step out onto the veranda, with beer in hand,
Then, I stumble and trip upon the doorstep.

Beneath the vast expanse of the sky,
I whimsically play a few tunes on my harmonica,
Disturbing the empty space of my indulgent reverie,
As I turn up the volume on Alhambra's palace,
I hear the sweet, soothing sound,
Of six unfortunate lines, descending from afar.

As the mist rises,
Comes the longing of
A person in my memories,

Bringing tears to my eyes,
Silence reverberates like a gentle breeze.

Even with y eyes closed, I can perceive the essence
As if caressing the face of a loved one,
Drifting freely in the night sky,

My soul becomes a constellation,
And pours down in a beautiful cascade.

Greeting the New Year

As spring whispers its arrival, a butterfly
Gracefully dances near the Lantana flowers by the window.
Along the mountain trails,
Escaping the suffocating leash of sweltering heat,
It roams through shaded paths.
Already, the autumn mountain has descended upon the streets,
With leaves adorned in crimson and golden,
Leaving traces of it's arrival,
And in the distant snow−covered mountains,
The blue sky appears clear as crystal,
Oh, how time marches without the need for counting.

The youth that once traversed the world
Has faded away into the realm of memory,
And all over my body,
Pink plum blossoms have bloomed.

Oh, another year adorns my being,
Quietly unfurling its celestial wings,
Approaching me with silvery hair.
After a lifetime of chasing elusive silhouettes,

I shall now depart this world with the Grim Reaper,
But should I not voice my concerns,
That time that flies
Whether abundant or not, for a life of sincerity
That I shall have enough left to offer my prayers?

Oh, passing years, on the first day of the new year,
Grant me an opportunity
To witness a vibrant sunrise,
So, move my window to the east,
For the radiant sun, full and round
May illuminate fully upon
My heart.

– Geh–myo year, First day of the New Year.

The Betta Fish*

Trapped

In a realm of solitude,

Where not a single blade of grass adorns,

Yet clad in fancy attire,

A stubborn loneliness as if a deep—sea creature

Clings tightly to its face

Today, once more

All alone

The betta fish awaits a battle.

* Betta splendens, also known as Siamese fighting fish, has a natural tendency to live alone. The male betta displays vibrant fins, and if an opponent does not retreat, it will flare its fins and gill covers to engage in a fight. Due to their aggressive nature during fights, they are often referred to as fighting fish.

Zebra Takes a Walk

In search of solace,
Lying alone,
In a spacious emptiness resembling a vacant house,
Only the faces of my parents linger in my thoughts.

I must eradicate them from my mind, completely erase them,
Shrugging off the whining sound of the spring breeze,
So that the deep longing within my heart
Would not entice me even the slightest, I strive to erase their memories,
Yet the nights always
Seem much longer than the days.

"When will you come?"
"I shall find my way, although I don't know how far the journey to the afterlife."

One day,
I stomp on the wooden deck of Seoul Children's Grand Park.
(I am a great descendant of a wandering traveler, leaving behind the homeland of South Africa.)

Amidst the pink cherry blossoms, though my hooves might wear off completely,
I gallop through the streets of downtown Seoul,
Unknowingly, my nostrils flare.
They say a splendid encounter is fragrant as poetry and sweet as music,
Yet the yellow dust–laden wind pricks my nose,
Cars obstruct the road,
Squeezing through the narrow gaps between cars, I enter a residential area.
Then,
I lose my way, unable to find an exit.

* On March 23rd, 2023, around 3 PM, a zebra escaped from the Seoul Children's Grand Park zoo and roamed around in downtown Seoul. – Photo: TV Chosun News (March 24, 2023)

Snowy Mountain

In the past few days
During the tranquil nights,
Snowflakes have been dancing and gathering
On a distant mountain,
And with dawn's embrace, without a care
The whispers of melting snow fill the air.

In the city,
Raindrops fall,
While on the lofty mountains,
Snowflakes gently descend.

Amidst the melting snow,
In that fleeting
Interlude,
A snow-covered mountain gleams in white.

Here,
Stands a mountain veiled in snow,
As if existing only in dreams.
The winter's romance,

Yearning for fulfillment,
Today in peculiar,
Indulges in a sense of bliss.

Even within the depths of my heart,
I sense a quivering excitement,
Oh, misty rain,
Come, descend upon my soul every night.

Southern California, with its mostly Mediterranean climate, is known [illegible] occurrence of rainfall throughout the year. Snowfall is almost non-existent in this region due to its warm and dry conditions. However, there are occasional exceptions where unusual temperature patterns have created a truly remarkable and unique phenomenon. (March 2nd, 2022)

At the Spring

Where the azure air spreads white pigments,
Underneath the unfolded screen of towering mountains,
Amidst the forest that soars towards the sky,
There lies a spring in the deep tranquil mire.

When thirsty travelers seek solace here,
To quench their thirst to their heart's content,
Drawing the spring water from the depths of the earth,
It flows down like a small river.

A source of water and a sanctuary of life once,
For the Yosemite Indians in times long past,
Where seeds of joy found their bloom,
Cleansing their bodies and souls, in the face of gloom.

At the spring, adorned with golden leaves,
Drinking plentifully, time and time again,
The whispers of winter water cascades as if nearby.
Yet a longing sound remains in the distance.

Just a Dream

In a place where I am unseen,

"It's a dream, it's a dream,
Everything is but a dream."
The familiar
Chant
Touches my heart.

Life, with a bowed back, teaches us how to cry in solitude.

The Silence of the Shell

Emanating tranquility, even as waves crash,
A shell that encapsulates an entirety of existence.
Peering inside, yet unable to comprehend,
Beneath each layer flows
Resilient and enduring patience.

Cutting through
The silence hidden within the shell,
Through grinding and breathless sounds,
Revealing the firmly placed,
Magnificent verses emerge from delicate fingertips,
Entwined with the aurora of my inner walls,
Unraveling the tangled anguish.

Broadway

Overlooking a triangular–shaped terrace,
Seated at the stunning restaurant* on the 101st floor,
Over the glass window,
Drizzling raindrops cascade,
Resembling elongated strands of silk,
Opening and closing
The urban skyscraper forest,
As if a spacious, serene,
Eastern painting.

Leaving behind occasional raindrops,
My youthful years,
Here,
Walking on the streets of Broadway here in New York,
Carrying memories of fragrance and simplicity,
I immerse myself in the sea of eager crowds.

…

…

…

Most of the memories,
That have plagued my mind,
Were buried amidst the bustling crowds,
Transforming into shimmering silver webs, floating in the air,
Momentarily forgotten.
Lost in the haze of unknown places,
I recount the tales of bygone days within my mind.
Wandering, gazing at the towering buildings,
While the city birds,
With their eyes turning red from the noise of the passing vehicles,
No longer sing their songs.
Now I understand.

Carrying over my shoulder,
A small,
soulless camera bag,
Even then,
Devoid of any serendipitous moments to capture,
I feel such pressure,
As if I am trapped within the confines of the bag itself,
Wandering like a solitary star in the vast expanse.

Still,
In my heart,
The past remains intact,
Yet only a chilling solitude
Descends like withered leaves,
As I find myself on a bench
In the middle of an asphalt street,
My soul adrift throughout the night,
Confused and distressed,
Burdened by explanations I cannot bear,
Leaves behind long trails of excuses.

The PECK restaurant in New York

August 1st,2022

Coastal Village People
- Lives of the Bajau Tribe

The Bajau tribe*, a scattered people without a nation,
Living on the sea, close to the mainland,
Their floating houses on water, made of corrugated iron, devoid of electricity or water,
Living as drifters,
Embracing a simple life, without greed,
In a world of silver fish scales by day,
In a twinkling starry world at night,
When it rains,
They collect rainwater from the corrugated iron roofs,
Washing their faces and doing laundry.
Each day,
They venture into the rocking sea,
Fishing with long ropes and empty plastic bottles,
They cultivate agal-agal**, and dry the seagrass,
Along with the harvested lobsters, abalones, and fish,
They sell their catch at the coastal dock, in exchange for not much money,
To purchase food and drinking water,
A primitive tribe, free from vanity.

Young men and women meet on boats and marry at tender ages.
The bride moves into the groom's boat,
They eat,
They give birth,
They defecate,
Living their lives in this way,
Until their final days.
Occasionally, the market on sea, called Orang Kaya ***, arrives by a boat,
Carrying essential goods and daily necessities,
Stirring the curiosity of children.
The children receive formal education in Malaysia,
Attending elementary schools on the nearby mainland,
Receiving an Islamic-style education.
After school,
They return to their homes on the sea,
Assisting their parents,
Continuing their way of life,
Eventually, they return to the generous homeland, the sea,
To spend their final days.
The people of the coastal village,
Only after their passing,
Can be laid to rest in a communal graveyard, on a remote island.

* Indigenous ethnic groups of Austronesian descent, residing in the seas near Southeast Asian countries such as Indonesia, the Philippines, Malaysia

** Sea cucumber–like marine creature

*** Traders who sell goods using boats

Part 6

Funeral Portrait

Parasite

Feeling hungry, I search through the pantry, and come across a package of instant noodles. It is several months past its expiration date. Considering that it is both expired and as I don't particularly have instant noodles all that often, I contemplate whether to just discard it or find any method to cook it deliciously as it is a popular dry food item. Curiosity leads me to search the Internet for recipes. From the instructions on the noodle package to various individuals' personal preferences and tastes, there seems to be over dozens of ways to prepare the noodles.

I tear open the included seasoning packets, and I cook the noodles and taste the broth with the noodles right out of the pot. Then, the saltiness overpowers my taste buds. When the sunlight touches the sea water, it forms salt, a crystalline substance representing pure whiteness. Upon contact with water, it dissolves and disappears almost instantly, imparting its primal essence of flavor. However, the taste of the noodles I am tasting in my mouth is just salty and bitter. I pour cold water from the refrigerator to dilute the saltiness a bit. The noodles become puffy, but the taste I desired is far from its anticipated flavor. I give up on the noodle and discard it down the kitchen sink.

Then, I opt for salty potato chips, a different kind of saltiness, flavored with black pepper.

Our lives as beggars in the afterlife,
I used to pride myself on eating without complaints at the dining table,
But now I seek reasons and excuses to experience each individual taste. Eventually,
I become an instrument of desires and ambitions, questioning reason, and balance in harmony with the blue sky and the distant sea. Even the taste itself, that I can feel in this world, I have become a parasite pursuing sensory gratification and colors of this meaningless world, where a variety of soiled water flows aimlessly.
Even, on, a, day, when, I, feel, hungry,
And ramen, came to see me.

Farewell

Why the haste to bid farewell?

As if without the parting words,
The longing might lose its hold.

Like seasons that must bid adieu,
It must leave to return with renewed embrace.

It pains.

The emotions,
The heart,
The gaze,
The distance.

In my heart,

It is all but a song of farewell,
That beckons me.

December 4, 2022

Reunion

Since then,
Since the young moon set
And the full moon of youth bloomed,
We embarked on divergent paths,
And have journeyed through the long years, apart.

Our parents who raised us,
And all our elderly kin,
Now residing in the realm beyond.

As for us siblings,
Taking medication has become a daily routine,
On this last day in November,
With the old moon rising.

My younger brother from Hongcheon,
My younger sister from Namhae,
And I from the United States,
We all gather at our eldest brother's home.

All of us, around the age of sixty,
Still

Bearing the same round faces,
Etched with the stories of bygone days
In the deep grooves of our wrinkles,
One by one,
Evoking the scent,
Of the midsummer beach from our childhood.

We let go of our grievances,
For the lives we have endured,
And holding the intertwined, wrinkled hands,
We share tales,
Of the life we've lived
And the stories about our children.

For our next meeting
To meet again in a vague season,
When flowers bloom
And wither,
And red fruits ripen,
Brushing away the dust,
From our brief reunion,
And return to our destination.

November 30, 2022, Gwang-alli, Busan

At Seventy Plus Years Old

Gazing down, from the winding road of life,
Passing through the inexperienced youth,
Crossing over the unobstructed path of middle age,
With each passing day, the number of medications I take increases,
And on my eyebrows,
Snowflakes gently fall, one by one.

They say autumn is crimson,
As the blood of youth evaporates,
Yet inside, I still feel young,
Listening attentively to folk songs and Pansori,
Once overlooked,
Now humming along,
My visage resembles a crescent moon.

On a sleepless night,
My white hair cascades,
Falling upon a spread−out notebook,
Becomes the fallen leaves of my body,
Singing a bittersweet farewell song.

Urn

Frist, my father, then the remains of my mother, turned to ashes, held in my arms, my siblings and relatives scattered them in the nearby arboretum under the daylight sky.

The future is uncertain, and death, unpredictable as it may be, could suddenly arrive at my doorstep. In anticipation of this inevitable passing, I have taken the necessary steps to inform my daughter's family in Korea and my son's family in another state, which will provide them the time needed to make necessary arrangements and travel to bid their final farewell. I have pre-paid the funeral insurance premiums, which cover the cremation of my body and placement of the remains in a columbarium, to be handed over to my son and daughter. The responsibility of handling the rest will fall upon my children.

To prepare for this eventuality, my wallet always carries some cash, my driver's license, and the certificate for the life insurance policy.

I have already undergone MRI and MRA scans, enduring the dry, lifeless atmosphere of the autopsy room for about 30 to 40 minutes each time, with my eyes closed, rehearsing the role of a corpse. The hospital also recommended a brain scan to examine the fat deposits in my brain. "I won't do it anymore. I don't even understand what this 'dying well' discussion is about. I can't stand the snapping sound that echoes through the earphones."

If my ashes are to be scattered by the riverside, I will wander within the depths of the sea, turn into water vapor in the vast sky to become a cloud, freely drifting wherever the wind carries my soul. If I am buried in the arboretum, my warm sprit will become nourishment for the trees throughout the changing seasons, attracting deer familes and inviting lively dances of bees and butterflies, a place for souls with plentiful of water, free from scarcity.

If there's one wish, it is to live until the very last breath without losing my sanity, concluding my life without any tombstones, and ultimately to be reunited with my parents in the afterlife, where there is no electricity, cell phones, TVs, or refrigerators.

Funeral Portrait

In the moonlight filtering through the paper window,
The portrait of my parents,
Though fading gradually,
Seems to come alive,
Resembling my face more and more.

Why didn't I realize before?
"Why did you bring me to this world?"
Why did I cause them such pain?

As the wrinkles deepen
On my face,
The memories of my parents,
Fade away like strands of grey hair,
As if entwined in the currents of passing time,
Growing ever fainter with each moment.

Upon closer inspection, seemingly indifferent,
Even my facial expressions mirror theirs.

Taste of Salt

In the depths my memories,
The lighthouse of a woman, holding a torch,
Seasoning with a salty touch,
Finally,
Results in a handful of salt.

After a long voyage,
My hair as well
Touched by the breeze of the sea,
Now irreversibly
Turning white,
While shedding the bitter taste,
Awaits another life.

If I were to burn and perish,
With the dark red autumn leaves,
Even if I were to shatter and become fragmented white grains
Contained in a salt jar,
Would the taste of salt remain unchanged?

-2022.8.2.

The Half Moon

The words buried in a heart turn into fossils,
Memories, unable to bloom into flowers,
Along the mist inside the setting sun,
Following the ridges of the mountains,
Descend on the winding path.

Who split the round moon in half in the western sky?

The lives of my remaining relatives, severed in half,
Forbidding anyone to approach,
Both the mortal world and the afterlife are evenly divided.

The entrance to the forgotten I-songdo Rotary Bus Stop
Is a faint stage that can only be visited with closed eyes.
I see our family's tailor shop sign in the Myungbo Theater advertisement.
I see a photo studio.
I see a hair shop.
I see the pharmacy next door.
I see a café on the other side of the street without curtains on the second floor.

Mother pours tap water, gurgling in the water jar, into Jang-dok,
Father sits on the wooden floor and drinks makgeolli,
My aunt, with newly found grey hair on her head,
Calls me, busy playing with my cousins, to pluck it out.

The fading memories of my childhood
Like a ghost needle,
Always
Cling to my clothes,
Enduring stains of nostalgia that never fade away.

The Noisy Refrigerator

I wake up in the depth of the night.
I open the refrigerator door, retrieve the brewed barley tea and take a sip.

Last night, I mourned the passing of an acquaintance with my colleagues,
The drinks from yesternight, not having had one in a while, were lingering in my throat,
As if washing away the thorns of sorrow with the tea,
I gulp it down,
Flushing down the pain within.

At the funeral home,
The emcee recites the long history of the deceased,
And even the pre-recorded video of his life becomes uncomfortably prolonged,
The atmosphere turns strangely awkward,
As we all eventually become a handful of dirt in the end…

Once more,
I open the refrigerator and pour another cup.

In the midnight hour,
For reasons unknown, the refrigerator grinds a mournful whir, as if it is sad,
Persisting unwaveringly, without tiring.

Memories

The ceiling above in my room is the sea,
I
Lay down beneath the swaying blue sky, with my back against the waves.

The ever–changing sea of my childhood years,
Paints a picture of innocent laughter on my face
Swimming with friends from youth.

The depths of early memories are plagued by nostalgia.

Resonating softly is the song my father used to sing.
The engine room of a coal–dusted ship
Roars loudly even in the intense heat of the furnace.
My first taste of seasickness and the sea as if a heaving chest,
The towering waves crash down like mountains.

By the fountain, in front of the administrative office,
A child falls and cries.
The child within me falls as well and cries along.
Once, on a rusty iron seesaw in the neighborhood,
I cried in pain as my leg got caught and bled.

The round scar on my right inner thigh, now sewn into my memories,
As the years have gone by, I remain calm as if vomiting silence.

I open the window,
The rough breaths of passing cars from afar,
Sometimes, the blaring siren of an ambulance and the pain of dividing the living and the dead,
Invade my room.
Dust particles of pollution fly in the air.
I close the window,
And gaze blankly at the noise of the city, stretching out before the distant mountains.

Did I have memories of working diligently in the engine room with the mast of hope,
On a ship sailing above the ceaseless, eternal sea?
Did I possess the youth, confident to move forward?
What song did I once sing with joy?

Sometimes, I await the return of memories that have passed,
And sometimes, I don't wait at all.

A Prayer

Next to my mother-in-law's bedside,
There rested a large-print Bible, accompanied by a pair of magnifying glasses.

On Sundays,
While listening to her pastor's sermon,
Amid praying together, I silently pleaded,
With the Holy Spirit, to not take her in her sleep.

My mother-in-law,
Who embraced Jesus in her sixties and read the Bible over a hundred times,
With the forgotten prayer to keep her awake during Bible reading sessions and sermon,
Fell asleep, and in that moment, God himself carried her away.

In late March 2023, she passed away at the age of 95.

Homesick Patient

Washed away with soapy water,
Where the dry pain dances,
I stare at the perforated, reddish, ocher–colored rocky mountain.

Injured marks left by the footprints of dinosaurs,
Only the bones of elephants remaining,
Seaweed all dried up in the ocean,
Red mist frost lingers near the waistline,
While starved dust swirling along the road.

At the end of last year, with both of our parents' passing,
Us siblings gathered at our elder brother's house,
And we drank soju,
But suddenly, news arrived of our healthy younger brother's
Prostate cancer, now spread to his brain.

Not long ago, I received the news of my mother–in–law's passing,
Leaving my heart empty,
Sadness keeps welling up and the dry tears flow.
Oh, how I yearn so much,

For the old days of swimming in the waves and singing,
My heart aches,
Having walked in the sea of loneliness.
Even if I could ride a balloon to the sky,
To the distant sea,
Into the depth of the ocean,
To play alongside the back of a whale.

* Sedona National Park, Red Rock Country

Part 7

Forgetfulness

A Moment in the Food Alley

On a late night,
I stroll through the food alley of Underground Street 1,
Where young people bring out life and vibrancy,
With green lanterns hanging above in a long line.

Armed with thick clothes and a pair of gloves,
A scarf snug around my neck as well,
I walk alone along the street, frozen by the moonlight.

In the tables, crowded with young people,
The sound of money being counted,
While elsewhere,
Sporadic moments of quiet waiting and deep sighs.

An electric heater glowing red,
Shadowy eyes,
Glancing briefly at the menu,
Footsteps passing by,
The owner waits patiently,
Spending a winter night without any customers.

* A popular Korean hit song by the Late singer, Jeong-gu Kim.

In an early summer in Paris,
In a grassy field with a view of the Eiffel Tower,
An accordion melody flows
From a street performer,
The tearful Duman River*
Felt sadder.
The memories of that day, when I dropped the coins
From my pocket into an empty tin can.

I feel the coldness.

A long, painful silence seeps into my throat.

Our Story

The buildings in this city,
March's bougainvillea,
Adorning roadside trees, across the passing cars,
Fluttering awkwardly in the wind, like paper flowers,
The sun stretching its rays beyond the cracks of fire,
Beneath it,
A man, with his dark shadow clinging and extending,
The men.

(This is not a scene from an economic depression.)

When was the last time he washed his face?
A dirty coffee mug in his hand, all empty,
Inside it, a few jingling coins,
And the bills clenched in the fist.

"Spare me a few coins."
"What will you do with the coins?"
"I'm hungry, I'll buy a hamburger to eat."
"Well then, work for it."
"What are you talking about? I'll take the money I

earned by begging,
And Buy a cigarette and smoke it blissfully."

(Insults fly like bullets, hitting the back of my head)

Don't go there,

A dead-end alley,
Sunlight pours into the tent,
In the disorderly city, like the sinking, shadowy air,
In temptation,
Your story,
Our story.

Whistle

A secluded house,
Weathered by years of sun and wind,
A faded, ochre–colored dwelling.
By the persimmon tree in the backyard,
Two gravestones stand near the cemetery.

When the wind blows fiercely like today,

The empty courtyard,
Over the haphazardly–grown grass,
Narrowly,
Shortly,
Or for a while,
I whistle.
The laundry, hanging on the clothesline, flutters in response.

In the chicken coop,
Startled by the unexpected gusts,
The chickens take hastened steps.
With it crest raised and feathers turning crimson,
The rooster flaps its wings in surprise,

Letting out a resounding cry.

Even from the feathers on its outstretched neck,

A whistle escapes.

I shout,

Expelling my pain.

Yes, within my compressed imagination, a dance unfolds.

Yes, even the lost romanticism of my youth sings.

Forgetfulness

I used to judge people as cowardly for shrugging off their forgetfulness, but now,
Sometimes, I find myself forgetting my IDs and passwords.
It is becoming rather serious.
In this digital age, where everything is digitized and stored online, and whenever this happens, I start to feel overwhelmed.
With a racing heart, I search through different computers,
Or flip through the calendars one by one,
Trying to jog my memory,
I painstakingly find the words and numbers, and scribble them onto the calendar,
Feeling a sense of regret and thinking that I am somehow being punished.

On days like this,
To quell the hunger that dries my mouth,
I brew coffee in the coffee machine,
I pour it on a cup or a bowl within reach,
And drink it from my desk where I can see the distant mountains,
Engaging in conversations with the passing wind, traversing

through the years,
With a wandering mind,
I wonder how many shattered souls there might be,
In the church on the opposite hill where a cross hangs,
Or catch glimpses at the passing vehicles here and there.

Inside the calendar of time,
As I age into a wrinkled, old man,
I feel a fondness for the awkward gaze of my youth.
And as I reminisce about the longings of my late childhood,
I quickly recite the multiplication tables in my mind, from start to finish.
What was that one again?
I'm getting confused.

I yawn,
How foolish of me.

The Sky (1)

The flawless, jade–colored sky,
Seamless,
Extending as far as the eye can see

My heart bursting,
Unburdened by worries,
Soars high above the world below.

I sit amidst the sky and eat,
But no matter how much I consume,
A lingering hunger persists within me.

The Sky (2)

The sky encompasses all, whether in moments of grief at a tearful funeral home, or in the dirty water from washing dishes and boiling laundry, It arrives without making any sound, concealing its inner feelings, And accompanies us in every place. Our ordinary lives, like the Boo-pyeong plant, Undistinguishable from mine, yours, and ours, are petty existences,

But even the soju glass, drinking without taking sides, arrives without hesitation. Even if I want to hold on, the sky walks among us silently, only to move on eventually on its eternal journey.

A Sleepless Night

In the silence of a sleepless night,
Poets in the old days held a brush,
And paint a landscape under a dimly lit lantern.
But the vast silence held in my empty hand,
And sleepless nights persist, no matter how late the hour.
My mind becomes a blank canvas, as white as the untouched paper.
I grasp my antique film camera,
And hold it for its nostalgic texture.
Nerves remain edgy as a blade.
Alone in my room,
I count the yellow, speckled stars,
Floating in the sky outside the window.
One star, two stars,
The headlights start to flicker, here and there,
On the once quiet road.
In the hazy dawn,
With an empty hearth,
I gather my thoughts, rolling them into a ball,
And tuck them under the pillow,

And lying in bed,

Yet sleep escapes,

Leaving me only with empty coughs.

Morning Mist

Instead of worn-out socks from the day before,
I dream of wearing a new pair of large socks,
And as I hear the singing of a bird from afar,
I open my eyes,
And the world outside the window
Is adorned by glistening dewdrops.

From the mist of an early morning,
Leaves of trees hang low, dampened and weary,
As the weather itself feeling drowsiness,
My lips are swollen, rough, bear the weight of unrest.
Amidst the melting wind,
A grand spectacle of Samullori comes alive,
With twelve performances of Goot-Geori dancing,
A heap of white butterflies,
Twirling around in one place,
The remnants, with its waists severed,
Drift away with the wind, to unknown destinations.

Painful memories,
Swirl in my mind,
Yet only the pain of severed waists
Follows the wind.

Certainly,
It cannot be solely from the morning mist.

A Stary Night

Early in the morning, Vincent van Gogh, capturing the village scenery out of the window of a mental hospital, paints brushstrokes directly onto the canvas without mixing colors.

Standing by the window of mental anguish,
The tranquil village I saw during the day,
The sleepless early morning,
Beneath the night sky, where the village asleep,
The sound of stillness and light,
Reminds me of my own intimate moments, like BooPyung plant.
My hometown and the church steeple,
The lovers who passionately loved a pastor father,
A farewell to a friend and the intense pain,
Impulses of suicide.

It was a long time ago.
Exploring the city of London with a close friend, staying up the night at a senior's house in Germany, and visiting Vincent van Gogh's large exhibition hall in Amsterdam, only to be told that this masterpiece Vincent himself considered as a failure was currently exhibiting in New York. On the first day of August,

with two friends who had different strides, I visit the Museum of Modern Art in New York and finally see this masterpiece. Vibrant colors and swirling rough textures are scattered throughout the canvas, and my eyes, like a peacock spider, gradually drowns into a blue sinkhole in the sea.

Within the 73.9x92.1 cm artwork, a countryside village lies asleep adorned by the fiery cypresses. Church steeples and illuminated houses dot the landscape here and there, while in the blue night sky the clouds wriggle. The hunchbacked crescent moon wears a yellow rim, and the surrounding yellow stars twinkle sparsely within their round frames. Despite criticisms of being a penniless artist, the hand movements of this lonely aesthetic magician, disregarding the binary logic of winning or losing, immersed himself in his work until just before committing suicide with a gun. The life story resembles a futile rock-paper-scissors game, with its melancholic yellow madness as the loser and posthumous victory as the winner.

What does the white round edge surrounding a particularly large star signify, when placed on the canvas?

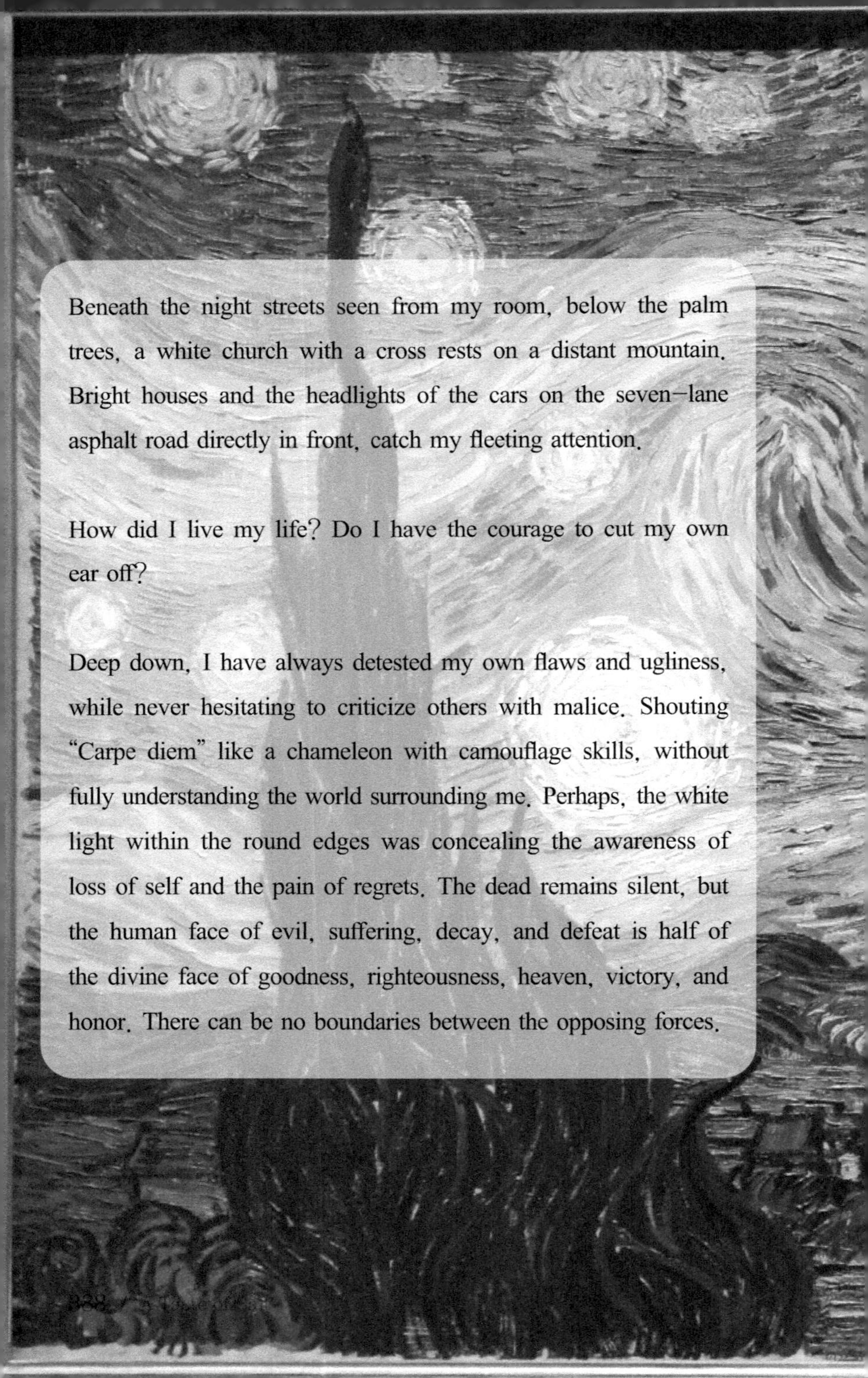

Beneath the night streets seen from my room, below the palm trees, a white church with a cross rests on a distant mountain. Bright houses and the headlights of the cars on the seven-lane asphalt road directly in front, catch my fleeting attention.

How did I live my life? Do I have the courage to cut my own ear off?

Deep down, I have always detested my own flaws and ugliness, while never hesitating to criticize others with malice. Shouting "Carpe diem" like a chameleon with camouflage skills, without fully understanding the world surrounding me. Perhaps, the white light within the round edges was concealing the awareness of loss of self and the pain of regrets. The dead remains silent, but the human face of evil, suffering, decay, and defeat is half of the divine face of goodness, righteousness, heaven, victory, and honor. There can be no boundaries between the opposing forces.

Vincent van Gogh, who lived a lifelong melancholic existence, may have channeled his eruptions of frenzied anger, moment by moment, onto the canvas in circular and spiral patterns of undulating waves within the frame.

– Farewell to year 2022

Snowy Mountain

An intermittent shower fell throughout the night, an unusual winter on the mountain.
Over the window,
The distant mountains gradually illuminate,
As the distant sun pushes towards the east,
The white snow on the Ridge Sierra* in Nevada,
Emits a tranquillizing scent, carrying the essence of snow.
The wind blows, revealing the cracked flesh of the mountain,
In that place.
On the barren mountain that winter seldom visits,
Snow falls gently, instead of rain.

Then,
As the sun shines
Upon the ridge of the snow-covered mountain,
Without giving the mountain goats a chance to build igloos,
A fragile sound of disappearance,
The gentle melting of snowflakes.

What a spectacle.
It is hard to believe,

Even when I witness it with my own eyes.

I should go and set up the dry Jang-seung,
As a wooden guardian statue.

* The Sierra Ridge in Neveda is a mountain range located between California's Central Valley and the Basin and Range Province. It stretches about 400 miles (650km) north to south and about 70 miles (110km) east to west.

Snowman

In the deep valley,
Standing alone where others have come and gone,
Scattered footprints around, here and there, fading with time,
Only traces remain of what someone said,
Amid this winter, I still yearn for the scent of people.

Especially today,
With the densely falling snow, saturating the moist air,
Above all, because I am here,
As if we were connected from the beginning,
Even as my body continues to melt,
Soon, a flurry of snowflakes will descend,
And they won't blend with the rest.

Wearing a white cap,
With a lumpy face,
Arms fashioned from tree branches,
Standing on a bulging belly,
Defying the biting cold wind,
With a cigar thicker than my arm,
Puff,

Puff,

I smoke every bit of it,

Eagerly awaiting the arrival of the snowfall.

– 2.2. 2023. Yosemite National Park

A Thorny Tree

Embedded long ago, sharp thorns take hold in her body.
Her life,
A thorny crown stained with blood,
Even as colorful flowers bloom,
No one stops to visit,
Chains entwined around her ankles, unable to move.
Loneliness engulfs her.
One by one, she drops the flower bud onto the ground,
Telling the sorrowful tale of Werther,
As if life were addicted to hallucinogens,
In silent despair, she does not scream.
Yet today,
She finds solace
In the distant mountains,
And the sky that gazes her reaches.

An ultimate map of life unfolded by dissolving salt

Lee, Taek-Hwa
(Doctor of Literature, Poet, Critic)

1. The pursuit of life embraced by a white color

Salt is dissolved in this world, possessing a fundamental quality that sets things or phenomena upright. Like a white canvas waiting to be painted on, the whiteness of salt serves as the background for the creation of all things. While salt crystals are white, they sacrifice themselves by dissolving in water and permeate all things to sustain the world. The white salt also serves as a purifying agent for many things in this world, making them pure and pristine, possessing the power to restore sanctity. The saltwater in the sea, as it dissolves, purifies the pollution of the Earth, keeping it in a perpetual state of purity. For this reason, the Earth continues to shine brightly today as a blue planet.

Wherever there are people, salt is present without exception.

Salt is an essential element for maintaining many things that govern the humanity. It is used in the production of food, clothing, paper, detergents, glass, medicine, leather, plastic, and much more. Just as 70% of the Earth is covered in oceans, the human body contains about 70% bodily fluids, making humans small seas themselves. These bodily fluids contain a salinity of 0.9%, and when this salinity increases, it can lead to conditions like high blood pressure or stomach cancer, while a decreased level can result in poor digestion or loss of consciousness. In short, we humans cannot survive without salt. Despite its extraordinary importance, salt is so abundant, much like water or air, and for this reason, it may appear ordinary to us.

When asked what the three most precious elements are in life, one may answer: gold, salt, and the present moment. Among these, which might be the most precious? Without salt, there would be no life, so what use would be gold or the present moment for us? Thus, the most valuable of all should be salt. Poet Gilbert Khang expressed the preciousness of salt in his third poetry collection titled “The Taste of Salt.”

> *You are the salt of the earth. But if the salt loses its saltiness, how can it be made salty again? It is no longer good for anything, except to be thrown out and trampled underfoot. (Matthew 5:13)*

In Bible, Matthew 5:13 emphasizes the importance of the taste of salt. This famous passage uses the metaphor of salt to convey the message that, just as salt should not lose its saltiness, we should not forget our core fundamental values. The essence of taste is saltiness. Food that is not seasoned with salt lacks flavor and gets discarded. The same goes for humans. People who deviate from their fundamental principles, like salt without its saltiness, may face rejection and be ignored from other people. The poet Gilbert Khang gifts us with poetry like salt and practices the calling of a poet who leads his life with sincerity and truth, guiding one's direction with purity and authenticity.

In the depths my memories,
The lighthouse of a woman, holding a torch,
Seasoning with a salty touch,
Finally,
Results in a handful of salt.

After a long voyage,
My hair as well
Touched by the breeze of the sea,
Now irreversibly
Turning white,
While shedding the bitter taste,
Awaits another life.

If I were to burn and perish,

With the dark red autumn leaves,

Even if I were to shatter and become fragmented white grains

Contained in a salt jar,

Would the taste of salt remain unchanged?

- 「*Taste of Salt*」

In 「Taste of Salt」, the poet succinctly expresses a path to living like salt, revealing the inner world of the poet who aspires to pursue the goal of life, which is the 'taste of salt.' The 'lighthouse' guiding to keep the 'taste of salt' 'intact' serves as a visual signpost for the course of life and is symbolized by the 'woman, holding a torch.' The 'torch-bearing woman' refers to the Statue of Liberty, designed by French sculptor Frédéric Auguste Bartholdi, and designated as a UNESCO World Heritage Site in 1984. The Statue of Liberty stands on a pedestal, symbolizing freedom and equality, and bears a crown with seven spikes, signifying the recognition of diversity. This architectural structure showcases humanity's aspirations, emphasizing a commitment to upholding democratic principles.

The 'torch' is the bright light that guides them and is the force that forms a 'handful of salt.' Seawater must be exposed to sunlight to become sea salt, and sea salt, after removing impurities, becomes salt without the taste of 'bitterness'. In this poem, the poet reminds us that humanity's culture can only progress when there are people who bring light and purity to the world, just as salt is formed when the ocean that covers the Earth and the sun that illuminates all things meet one another.

The white color, revealed in 'After a long voyage,' 'my hair' 'now irreversibly turning white,' even 'if I were to shatter and become fragmented white grains / Contained in a salt jar,' carries the meaning of the goals of life in general, similar to how diverse colors combine to become closer to white. In this poetry book, there are many verses that read like the crystalline purity of salt, in which his skillful craftsmanship does not results in the astray of heart, much like the clean and pristine white crystals of salt, each bearing the essence of a pure heart. As this is amplified in 「Early in the Morning」when 'In solitude / I immerse myself in the sound of flowing water that paints every corner of the empty sky, / As the ladder unfurls within me. / What is the meaning / Of living?' expressing the poet's ultimate exploration of life.

Through his expressions, such as in 「Broadway」 'I feel such pressure,' in 「Empty Pockets」 'I yearn to discover within these empty pockets', in 「Cobweb」 'Why did you choose to laboriously build your home here?', in 「Cicada's Cry」 'Even the cicada within me cries out', in 「Memories」 'What song did I once sing with joy?', in 「The Noisy Refrigerator」 'Flushing down the pain within', in 「Enchantment」 'Today, once again / I am waiting for / Your radiant laughter / Holding it within my heart / As if a talisman from a fortuneteller', in 「A Stary Night」 'How did I live my life? Do I have the courage to cut my own ear off?', in 「At Seventy Plus Years Old」 'Now humming along / My visage resembles a crescent moon', in 「Snowy Mountain」 'Today in peculiar / Feeling satisfied / Indulges in a sense of bliss', and in 「Snowflakes」 'I echo the nocturnal howl of a wolf at night,' the poet aims to establish a noble intention for the ultimate truth and strives to build a beautiful world. These poems represent a white-colored voice that seeks to maintain a quiet, pure world, rather than to pursue attention-grabbing aspects of life that are fast or thunderous.

2. The kaleidoscope for the world that unfolds a salt trail

(1) The realization of reality for the need for the right level of saltiness

The artist's realization of reality is a crucial element that forms the foundation and framework of his work. The poet Gilbert Khang, like a photographer capturing delicate subjects through a camera lens, maintains a certain distance from emotions, avoiding intense achievements or discouraging discomfort, rarely exposing them through his work. He has the awareness that salt should be sprinkled wherever it is needed, viewing it as playing a proper role to maintaining a healthy society.

When salt dissolves, it becomes colorless, turning into the

intangible white backbone of taste and the life-sustaining veins. The poet's perception of reality is acute, being aware of the various issues that plague the struggling individuals and societies, in which salt fails to dissolve properly at all or is dissolved excessively in some cases. He recognizes that those who wear the mask of contentment are suffering from the thirst for saltiness. In addition, he acknowledges that those with a sense of superiority are corroding with cruelty and contempt. The pain of those with inadequate level of saltiness becomes the subject and the theme of his poetry.

Washed away with soapy water,
Where the dry pain dances,
The perforated, ocher-colored monastery stares at the rocky mountain.

Injured marks left by the footprints of dinosaurs,
Only the bones of elephants remain,
Seaweed all dried up in the ocean,
Red mist frost lingers near the waistline,
While starved dust swirling along the road.

At the end of last year, with both of our parents' passing,
Us siblings gathered at our elder brother's house,
And we drank soju,
But suddenly, news arrived of our healthy younger

brother's
Prostate cancer, now spread to his brain.
Not long ago, I received the news of my mother-in-law's passing,
Leaving my heart empty,
Sadness keeps welling up and the dry tears flow.

Oh, how I yearn so much,
For the old days of swimming in the waves and singing,
My heart aches,
Having walked in the sea of loneliness.
Even if I could ride a balloon to the sky,
To the distant sea,
Into the depth of the ocean,
To play alongside the back of a whale.

-「*Homesick Patient*」

Living in the United States with his roots now established firmly in a foreign country, poet Gilbert Khang often expresses throughout his poetry the pain of longing for his homeland. The poet, through the voice of the poetic speaker, sings of the pain of those who lack the right seasoning. Since the homeland is the origin of human nature, those who have lost their homeland find themselves falling into loneliness that shakes the very foundation of their lives. He reveals that his life is like 'The ocher-colored rocky mountain /

Where the dry pain dances.' Such life is a march along the road where '... starved dust swirling / Only the bones of elephants remain / Seaweed all dried up in the ocean / Red mist frost lingers near the waistline'.

The death of his 'parents' and his 'mother-in-law' imbued with the image of his homeland, as well as the sudden illness of his 'younger brother' are all events of 'Sadness [that] keeps welling up and the dry tears flow.' In this situation, the poetic speaker longs for the 'old days of swimming in the waves and singing' with teary eyes, and hopes 'To play alongside the back of a whale,' 'Even if he could ride a balloon to the sky / To the distant sea / Into the depth of the ocean.'

> *I tear open the included seasoning packets, and I cook the noodles and taste the broth with the noodles right out of the pot. Then, the saltiness overpowers my taste buds. When the sunlight touches the sea water, it forms salt, a crystalline substance representing pure whiteness. Upon contact with water, it dissolves and disappears almost instantly, imparting its primal essence of flavor. However, the taste of the noodles I am tasting in my mouth is just salty and bitter. I pour cold water from the refrigerator to dilute the saltiness a bit. The noodles become puffy, but the taste I desired is far from its anticipated flavor. I give up on the noodle and discard it down the kitchen sink. Then, I opt*

for salty potato chips, a different kind of saltiness, flavored with black pepper.

Our lives as beggars in the afterlife,

I used to pride myself on eating without complains at the dining table,

But now I seek reasons and excuses to experience each individual taste. Eventually,

I become an instrument of desires and ambitions, questioning reason, and balance in harmony with the blue sky and the distant sea. Even the taste itself,

that I can feel in this world, I have become a parasite pursuing sensory gratification and colors of this meaningless world, where a variety of soiled water flows aimlessly.

- Excerpts from「Parasite」

In「Parasite」, the taste of instant noodles, rather than having a 'predictable taste,' reveals issues of having excessive amount of saltiness to the point of becoming unbearable to eat. In this poem, the poet paints a picture of a reality where we have forgotten to be thankful for the food that embodies 'reason, and balance in harmony with the blue sky and the distant sea', becoming 'an instrument of desires and ambitions' and ultimately 'a parasite.'

Saltwater, when diluted or concentrated, creates a treacherous path of suffering for su all. If one fails to adjust the salinity on this path and continues to move along, all living things will be affected one way or another and damaged eventually like a cart that falls apart completely. The slope of human existence created by the salt concentration is steep, and those driven only by human impulses will lose their true identities, driven aimlessly with a sense of inevitable destruction.

We can find a dark perception of reality in his expressions, such as 'When the wind blows fiercely like today' in 「Whistle」, 'Unable to sleep / Dragging the past, present, and future / Throughout the night' in 「Chrysanthemum Flower」, 'Amid this winter, I still yearn for the scent of people' in 「Snowman」, 'My life entangled, with stories complex / Stacked like in a woven basket of gool-bi' in 「The Aesthetics of Slowness」, 'It is just speculation and misunderstanding /That is not how it was said / Unraveling the twisted and uncomfortable memories' in 「Reflecting on the Past」, 'I lose my way, unable to find an exit' in 「Zebra Takes a Walk」, 'is it a solitude syndrome? In the desolate place, bruised by wrath, yet wishing to remain untouched, I have lived in solitude, keeping it all inside me' in 「Dumbfounded」, 'Though covered unwaveringly / festered all over' in 「Pills」, 'Just as God resides in the heavenly kingdom high in the sky, earthly powers strive to live in high and secure places' in 「The Road on a Rainy Day」, 'The world in which ordinary people reside' in 「The Sound of the Night」, 'Reality felt inadequate' in 「Night Streets」, 'In the midst of her anguish, screaming and resisting / Her arms bound in cuffs behind her back / Escorted by six young men / To the confines of the psychiatric ward' in 「The Woman in handcuffs」. To overcome this dark reality, both individuals and society should fulfil their proper roles, like the functions of salt.

(2) Expression of one's will to improve reality through the purification from salt

Salt has been used to preserve food and to prevent it from spoiling. In eras without refrigerators, the method of preserving food using salt, known as "salting method" (Yeomjang-beop), became popular to prevent the spoilage of meat, fish, eggs, and vegetables. Techniques like "Sanyeom-method", where salt is sprinkled on fish for preservation, and "Ibyeom-method", where cucumbers are preserved in a saltwater solution, are still widely practiced today. In a similar way to using salt as a food preservative, Poet Gilbert Khang argues through his poetry that purification of one's sin is necessary to approach a state of complete purity.

Purification implies an act of cleansing impure or dirty objects, often by bestowing the light upon darkness. In psychoanalysis, purification involves releasing repressed emotions to find stability and peace within one's mind. A purified individual can move past depression or anxiety and achieve a state of calm. Thus, the poet expresses his intention to improve reality through purification, presenting a character who undergoes deep introspection within the dark reality and seeks purification as a means of transformation.

On a cold dawn, I pass by a gorge that leads to the Yosemite National Park. The winding mountain road, treated with sand salt, is lined with the piled-up snow resembling sturdy fortress walls. Perhaps due to the frigid weather, the car we were driving keeps stalling. For both the driver and the passenger, we find ourselves in a spot where we can't turn back, trapped in an inconvenient place. Masking our anxiety, we hide our uneasy expressions and offers each other encouragement.

My stomach continues to churn. I am experiencing motion sickness, which is rare for me. I urgently ask the driver to pull over. As soon as the door opens, all the worries I have pressed down erupts in vomit onto the innocent snow. Chunks of meat from lunch spills out, followed by a bowl of putrid liquid. I tremble and shiver uncontrollably.

Such drama to tread upon my personal "Dosol Palace" surrounded by granite. It feels as if the palace demands that I shed all the sins I've committed in this world before visiting. It is a challenging journey. After passing through a long tunnel, we finally arrive at our reserved campsite, number 25. We pitch our tent, and the person who have been sitting in the passenger seat goes to sleep in the car, while the driver lies down inside the tent.

- 「*The Road to Yosemite*」

Yosemite National Park is widely known for its glacier-carved granite cliffs. It was designated as a U.S. National Park in 1890 and recognized as a UNESCO World Heritage Site in 1984. Located in the western part of the Sierra Nevada Mountain range in Central California, the area was shaped by glacier erosion about one million years ago, forming granite cliffs and valleys. Approximately 10,000 years ago, when the glaciers melted, it created over 300 picturesque valleys, waterfalls, and lakes. Among these, some of the most renowned attractions are Yosemite Valley, Bridalveil Fall, and El Capitan Cliff, drawing many tourists to the park every year.

The poetic speaker is likening 'the Road to Yosemite' to the mother nature, maintaining its original, unaltered beauty. As steadfast and irreplaceable as pure salt, Yosemite stands unyielding like an unshakeable force, always in the same place and in a constant, unchanging form. In 'On a cold dawn, I pass by a gorge that leads to the Yosemite National Park. The winding mountain road, treated with sand salt, is lined with the piled-up snow resembling sturdy fortress walls,' there is a sense of purification in the act of sprinkling salt and a determination to preserve unadulterated purity.

On this road, the poet's 'stomach continues to churn', and experiences 'motion sickness' that is rare to him. The act through which 'all the worries I have pressed down erupts in vomit onto the innocent snow' is akin to a cleansing act that sheds the shameful excesses of greed and returning to the pure white salt. And when 'chunks of meat from lunch spills out, followed by a bowl of putrid liquid' which leads to uncontrollable 'tremble and shiver', he feels 'as if the palace demands that I shed all the sins I've committed in this world before visiting,' demonstrating the simultaneous occurrence of the physical as well as mental purification. He is undergoing "Ibyeom-method" through which he deep cleanses his sins, from the surface to the core that have clung to him through his worldly experiences.

The portrait of himself who struggles with forgetfulness and tries to overcome it in 「Forgetfulness」, who receives a phone call about cremating his own body in 「An Eerie Dream」, who experiences nostalgia and hardship when thinking about his relatives from his childhood in 「The Half Moon」, the characters in 「Heading to Work at Sundown」 who gambles at a casino hotel, his uncomfortableness in riding a bicycle on a bike path in 「The Bicycle-Only Road」, his struggles accompanying a strong thirst due to a sudden change of the departure date in 「What Should I Do?」, about the individuals being constantly tempted in the disorderly city in 「Our Story」, his character who blames himself for not being obedient growing up, and yet becoming just like his parents in 「Funeral Portrait」, his learning how to cry alone with a bowed back in 「Just a Dream」, his feeling uncomfortable due to racial prejudice in 「A Day Like a Dog」, all present the characters, including poet himself, who should undergo purification to release the repressed emotions and find inner peace. The poet, at the age of wisdom, understands such turmoil that needs purification, and he presents these characters in his 80 plus poems, blending them with salt in a metaphorical fashion to symbolize the need for cleansing.

Where the azure air spreads white pigments,
Underneath the unfolded screen of towering mountains,
Amidst the forest that soars towards the sky,
There lies a spring in the deep tranquil mire.

When thirsty travelers seeking solace here,
To quench their thirst to their heart's content,
Drawing the spring water from the depths of the earth,
It flows down like a small river.

A source of water and a sanctuary of life once,
For the Yosemite Indians in times long past,
Where seeds of joy found their bloom,
Cleansing their bodies and souls, in the face of gloom.

At the spring, adorned with golden leaves,
Drinking plentifully, time and time again,

The whispers of winter water cascades as if nearby.

Yet a longing sound remains in the distance.

- 「*At the Spring*」

The spring is considered a sanctuary, like a holy place, where purified water flows and saves lives. The spring in 'Where the azure air spreads white pigments / Underneath the unfolded screen of towering mountains / Amidst the forest that soars towards the sky / There lies a spring in the deep tranquil mire' is 'a source of water and a sanctuary of life once / For the Yosemite Indians in times long past / Where seeds of joy found their bloom / Cleansing their bodies and souls, in the face of gloom.' If the characters in the poem drink this spring water "plentifully, time and time again" they might hear the voice of a divine figure as a sound that feels 'as if nearby/ Yet a longing sound remains in the distance.'

3. The restoration of sacredness to achieve the realization of a life of salvation

We often struggle through a maze of complex or ambiguous information, much like the enigmatic notations of mathematics, and in doing so, we sometimes fails to discover our own beauty and fall victim to the disease of feeling unhappiness. Now, it is our time to become like salt by accepting a simple yet clear purpose of salt, to regain (or discover) happiness. Salt embodies the divine order and holds the fundamental principles of human life. We must now examine the salinity in our heart, whether it is lacking salt and thus tastes bland or if it is overflowing with too much salt. It is through this self-examination that we can find peace and stability, which in turn will bring us the inevitable tandem of love and growth, namely the chariots of happiness.

Sacredness is not something that is limited to distant stars in the sky. It resides in everything that provides satisfaction within the realm of divine control, which is the principle of all things. When the wind blows gently in the direction it should, or flowers bloom at their peak, or people, in the tranquility of their hearts, share a handshake of gratitude with their neighbors, God is present in all these moments.

The poet Gilbert Khang, forms a connection of empathy with his readers as fellow human beings, by revealing the content of his poems from his personal experiences employing a first-person perspective. Thus, the readers can empathize with his emotions, while still allowing to open the door to contemplation with their rational minds. However, they do not sink deep into the abyss of negativity, but rather find solace and stability by entering the bright doorway of God left open by the poet. This is because the poet possesses the power to guide the readers towards a world of hope, not by leaving the wounds or breeding anxiety - created from facing the harsh reality - unattended. The poet, instead, addresses them and leads the readers to a world of hope through reconciliation.

In the deep, snow-covered mountains,
Amidst the biting cold,
The traces of pain, crystalized along the stone hill all night,
Bathes in moonlight, hanging upside down,
Transforming into various crystal stones,
Without branching out even once,
And pierces down in a neat row, one after another.

With a stubborn nature that hardens itself,
Like a trained soldier, brimming with determination,
Its edge grows sharper like a living dagger.

When the afternoon sunlight shines,
The sharpness of its edge slowly dulls,
And the sparking droplets, atop the shimmering surface,
Fall gently.
A sight of beauty.
Enough to tempt me.

I pick up an icicle and put it in a large glass.
I pour whiskey over it and take a sip.

It stings.
It ignites like a blazing fire.
The fervor of the icicle,
The ascendance of icicle.

Yet,
My throat feels a whirl of chilly wind, as if pricked by the icicle,
My face and heart ascend instead.

- 「*Icicle*」

「Icicle」 depicts a life in a distant, lonely, and humble era, far removed from the seductions of the bustling city with its busy colors. At times, acquiring sacredness in one's life can be a difficult process, much like icicles growing in reverse, akin to cutting through the branches of turmoil down to the bare white bones to melt away the sins firmly attached to the flesh. A noble person is one who bears in the flesh and the heart 'the traces of pain, crystalized along the stone hill all night,' 'In the deep, snow-covered mountains / Amidst the biting cold'. That person shall walk along one's own path 'without branching out even once, and pierces down in a neat row, one after another' whose 'edge grows sharper like a living dagger' and 'with a stubborn nature that hardens itself.' Once sacredness is obtained, the person shall live a life filled with bright images of "fervor" or "ascension", positively influencing others as well.

In 「Charred Forest」, the poet Gilbert Khang never loses hope even when 'silence reigns supreme / Where flames once roared / Once proud / Stands a solitary, charred trunk / Its surface blackened

/ Reduced to mere remnants.' When the poetic speaker 'pour[s] beer into a paper cup, and offer[s] it to the charred forest' and pays his condolences by saying 'when spring arrives there / Clouds, rain, wind, and sunlight / Will paint a pattern of vibrant green / And peach blossoms will bloom once more,' we can feel the poet's yearning for a life of salvation.

Next to my mother-in-law's bedside,
There rested a large-print Bible, accompanied by a pair of magnifying glasses.

On Sundays,
While listening to her pastor's sermon,
Amid praying together, I silently pleaded,
With the Holy Spirit, to not take her in her sleep.

My mother-in-law,
Who embraced Jesus in her sixties and read the Bible over a hundred times.
With the forgotten prayer to keep her awake during Bible reading sessions and sermon,
Fell asleep, and in that moment, God himself carried her away.

-「*A prayer*」

The poet's mother-in-law passed away in late March, 2023 at the age of 95. His mother-in-law was a devout Christian who 'embraced Jesus in her sixties and read the Bible over a hundred times. / With the forgotten prayer to keep her awake during Bible reading sessions and sermon, / Fell asleep, and in that moment, God himself carried her away.' God must have wanted to welcome her in a hurry with such open arms, to the point of forgetting the poet's pray, and taking her directly with him! One can see that the poet's soul and that of his mother-in-law's, who had 'read the Bible over a hundred times' and not feeling drowsy during the time spent reading or listening to God's word, are truly connected as one. Through examining these verses, we can deduce that the poet aspires to lead a holy life.

In 「Urn」, the poet says as 'death, unpredictable as it may be, could suddenly arrive at my doorstep. In anticipation of this inevitable passing, I have taken the necessary steps to inform my daughter's family in Korea and my son's family in another state, which will provide them the time needed to make necessary arrangements and travel to bid their final farewell. I have pre-paid the funeral insurance premiums, which cover the cremation of my body and placement of the remains in a columbarium, to be handed over to my son and daughter.' He expresses that 'if my ashes are to be scattered by the riverside, I will wander within the depths of the sea, turn into water vapor in the vast sky to become a cloud,' and 'my warm sprit will become nourishment for the trees throughout the changing seasons, attracting deer families and inviting lively dances of bees and butterflies, a place for souls with plentiful of water.'

The voice of a poetic speaker is the sound of the poet's heart. When a person turns into ashes, impurities disappear, leaving behind a pure crystalline structure resembling the shape of salt. Only the wish towards the truth remains in a white form beneath the gaze of those who watch. Through the sincerity that cannot be destroyed by fire, that is now collected in the "urn," we can see that the poet's world of poetry is not just limited to reality. Rather, it is wide open to a sacred and holy world.

From verses like 'Hey, everyone! / When I dig up words buried in my study / And transfer them to my five senses / The yellow canaries, scattered by the autumn wind / Will turn a deep shade of red' in 「Wild Mountain Chrysanthemum」, 'Like the vibrant rainbow-colored attire / worn during the New Year / I must capture this moment and share it with dear ones / Thorough a KakaoTalk mesage' in 「Rainbow」, 'My soul becomes a constellation, And pours down in a beautiful cascade' in 「Coming Home」, 'the sky walks among us silently, only to move on eventually on its eternal journey' in 「Sky」, 'Embracing a simple life / without greed / In a world of silver fish scales by day / In a twinkling starry world at night' in 「Coastal Village People」, 'On top of a hill stands an apartment building with no elevators, At the highest floor, on my balcony, Anthurium blooms red flowers all year round' in 「Anthurium」, One can catch a glimpse of the poet Gilbert Khang's exploration of a higher realm. This shows that his literary horizon spans from reality to the ideal, while revealing the breadth of his creative anguish.

The poet Gilbert Khang must have experienced the joy of the sacredness with the touch of his fingers while creating poetry and enjoyed the delight of his walk on a path to salvation. I sincerely hope that the poems included in this third collection can reach to the world as beautiful, pure crystalline forms, and become the radiating light for the world. In addition, I hope many of the poet's works can serve as a righteous map in a world flavored with the salt in preventing the decay of love and to flowing through words of salt.

소금 맛

초판 1쇄 2023년 10월 10일

지은이 강정실
발행인 김재홍
교정/교열 김혜린
마케팅 이연실
디자인 박효은

발행처 도서출판지식공감
등록번호 제2019-000164호
주소 서울특별시 영등포구 경인로82길 3-4 센터플러스 1117호{문래동1가}
전화 02-3141-2700
팩스 02-322-3089
홈페이지 www.bookdaum.com
이메일 jisikwon@naver.com

가격 12,000원
ISBN 979-11-5622-808-0 03810